일머리를 키우는 성공 법칙
## 마케터처럼 생각하기

"SHIGOTOGA DEKINAI" TO
IWARETAEA MARKETER NO YOUNI KANGAERU

Copyright © Yamamoto Daihei 2023
First published in Japan in 2023 by DAIWA SHOBO Co., Ltd.
Korean translation rights arranged with DAIWA SHOBO Co., Ltd.
through Shinwon Agency Co., Ltd.
Korean edition copyright © 2025 by PAKYOUNGSA

이 책은 (주)신원에이전시를 통한 저작권자와의 독점계약으로 (주)박영사에서 출간되었습니다.
저작권법에 의해 한국 내에서 보호를 받는 저작물이므로 무단전재와 복제를 금합니다.

일머리를 키우는 성공 법칙
# 마케터처럼 생각하기

| | |
|---|---|
| **초판 1쇄 발행** | 2025년 6월 30일 |
| **지은이** | 야마모토 다이헤이 |
| **옮긴이** | 김진아 |
| **펴낸이** | 안종만·안상준 |
| **편집 총괄** | 장혜원 |
| **편집** | 이주희 |
| **디자인** | 정혜미 |
| **마케팅** | 조은선 |
| **제작** | 고철민·김원표 |
| **펴낸곳** | (주)박영사 |
| **등록** | 1959년 3월 11일 제300-1959-1호(倫) |
| **주소** | 서울시 금천구 가산디지털2로 53, 210호(가산동, 한라시그마밸리) |
| **전화** | 02-733-6771   **팩스** 02-736-4818 |
| **이메일** | inbook@pybook.co.kr   **홈페이지** www.pybook.co.kr |
| **ISBN** | 979-11-303-2302-2 03190 |

＊파본은 구입하신 곳에서 교환해 드립니다. 본서의 무단복제행위를 금합니다.
＊책값은 뒤표지에 있습니다.
＊**인품**은 (주)박영사의 단행본 브랜드입니다.

일머리를 키우는 성공 법칙

# 마케터처럼 생각하기

야마모토 다이헤이 지음
김진아 옮김

인북

## 시작하며

훗날
'난 저렇게는 되고 싶지 않다.'
라는 생각이 들 정도로

업무 성과를 내지 못하는 상사의 모습을
한번 떠올려 보세요.

- 말이 너무 추상적이어서 대체 무슨 소리를 하는지 이해가 안 간다.
- 고객의 목소리를 듣지도, 현재 상황을 보지도 않고 자신의 이상만 요구한다.
- 지식이나 노하우만 자랑한다.
- 회의 중에 잡담이나 자기 무용담을 떠드는 데 시간을 보낸다.
- 성과도 내지 못하면서 남의 제안에 불만만 표시한다.
- 툭하면 "난 그런 교과서적인 의견은 마음에 안 드는데."라는 식으로 말한다.
- 논점을 돌려서까지 남의 말을 뒤틀려고 한다.
- 주변에 아첨해 대면서 자기 평가를 올리려 애를 쓴다.

이런 모습이 아닐까요?

오해하지 않도록 미리 설명하지만, 저는 상사의 악담을 하려는 게 아닙니다. 그럼 왜 당신에게 '되고 싶지 않은 상사의 모습'을 물었을까요?
방금 예로 든 상사의 모습이 어쩌면 당신의 미래 모습일 수도 있기 때문입니다.

## 아니, 어쩌면 회사원 대부분이 이런 모습을 향해 가는지도 모릅니다.

그 이유는 매우 간단합니다. 성과의 방정식이 예전과 달라졌으니까요.
내 눈에 못 미더운 상사도 언젠가는 비즈니스 관련 책을 열심히 읽거나 선배의 지도를 받으며 무엇을 할 수 있을까 고민했을지도 모릅니다.

그러나
성과를 내기 위한 노력,
즉 노력을 집중하는 곳이
애당초 잘못돼서는
아무리 많이 일해도
성과를 낼 수 없습니다.

지금까지 성과를 내기 위한 방정식은
**지식×노하우×의사소통 능력**이었습니다.

그러나 지금은
**지식만 있어봤자 아무 소용없는
세상이 되어갑니다.
앞으로는 지혜 중심 시대입니다.**

왜냐하면 현대 사회에서는 디지털 기술 진화 덕분에
온갖 지식과 정보를 간단히 손에 넣을 수 있기 때문입니다.

예를 들어 설명해 보겠습니다.

## 뜬금없는 질문이지만, 아르메니아의 인구가 몇인가요?

답을 낼 때까지 다음 페이지로 넘어가지 마세요.

## 아르메니아의 인구는 약 300만 명입니다.

이 질문에 답하기 위해 무엇을 하셨나요?
아마도 인터넷으로 검색을 했을 겁니다.

지금 여러분이 체감하는 것은
'누구나', '빠르게', '적절한 지식'을
입수할 수 있다는 '위기감'입니다.
**과제 해결법이 넘쳐나는 현실**이
느껴지시나요?
인터넷 검색을 하지 못한다면
약 300만 명이라는 숫자에 도달하는 데
며칠이나 걸릴까요.

### ◎ 가까운 미래에 기계가 인간을 대신해 사고한다

예를 들어서 당신이 하는 일이 영어 번역이라고 해보죠. 구글 번역기가 없는 세상에서는 영어를 할 줄 아는 사람이 귀한 대우를 받았습니다. 하지만 번역기의 등장으로 누구나 영문을 모국어로 번역할 수 있게 됐습니다.

**십수 년 전만 해도 대단한 일 취급을 받던 게 당연한 것, 평범한 것이 되고 말았죠.**

지금이 바로 그런 세상입니다.

이건 지식에만 해당하는 게 아닙니다. 누구든 쉽고 질 좋은 정보를 얻을 수 있는 환경이 구축된 지금, 노하우나 수단마저도 모두 평준화됐다고 볼 수 있습니다.

문제 해결법이 차고 넘치는 일이 당연하게 됐으니 평균점에서 벗어나는 일이 더욱 어려워졌죠.

즉, **단순한 문제 해결법의 수가 얼마나 많은지나 그 해결 형식만으로 돋보이고자 하면, 군계일학의 성과를 내기는 어렵다**는 뜻입니다.

흔히 말하는 '기계가 대신하게 된다.'는 말은 꼭 기계적인 작업 수준에만이 아니라 사고 수준에서도 충분히 이뤄질 수 있습니다.

바꿔서 표현하면, 이제는 최신 정보를 확보하거나 노하우 배우기 등 예전에만 해도 평가받던 노력을 해봤자 높은 성과에 이르기 어렵다는 뜻입니다.


### ◎ 성과를 내는 데 필요한 건 '마케터 시점'

다시 성과를 내기 위한 방정식으로 돌아가 보자면 현재의 성공 방정식은 **지식×노하우×의사소통×마케터 시점**이라고 생각합니다.

마케터 시점을 크게 나눠보자면,
**사물에 대한 견해**
**정보 인식 방법**
**정보 분류 방법**
그리고 **싸우는 방법**입니다.

이 네 가지를 활용하여 일하는 사람이 바로 마케터입니다.

제가 말하는 마케터는, 설문조사 방법이나 분석법을 설명하는 세미나를 개최하거나 어려운 영어 단어나 숫자를 쭉 늘어놓고 그럴듯한 이름을 지어내는 그런 사람이 아닙니다.

요즘은 마케팅이라는 단어를 업무 효율화와 관련하여 사용하는 사람들이 많은 것 같습니다. 특히 웹 마케팅 분야에서는 실제로 '효율화' 업무를 하는 사람을 마케터라고 부르는 일이 많더군요. "CPM*이 몇 배 상승했다."라고 말하는 사람들 말이죠.

**진정한 마케터는 경험을 통해 시장에서 요구하는 것이 무엇인지 알아차리고, 그 정보를 자신의 것으로 삼아 싸워나갈 곳을 정하고, 시장 그 자체를 움직일 줄 압니다.**

디지털 수치의 효율화는 어디까지나 개선에 불과할 뿐, 시장 그 자체를 드라마틱하게 약동하게 만드는 것은 아니라는 뜻이죠.

---

* 'Cost Per Mile'의 약자. 광고가 1000회 노출될 때마다 광고주가 지불하는 비용을 의미.

그리고 진정한 '마케터 시점'은 인간의 지식이나 노하우의 지식 양이 일정화된 지금은 더욱 중시될 것으로 보입니다.

지금까지 수많은 비즈니스 관련 책이나 경제 신문 등을 읽어서 엄청난 지식과 노하우를 축적했더라도, 이런 역동적인 시점을 가진 사람은 적지 않을까요?

앞서 언급했던 '저렇게 되고 싶지 않은 상사의 모습'을 떠올려 보세요. 공감이 되시나요?

공감이 됐다는 건 지금 그만큼 '마케터 시점'을 갖추지 않은 사람이 많다는 뜻일지도 모릅니다.

이 책에서는
평균에서 벗어나는 데 필요한
'마케터 시점'을
논할 것입니다.
여기에 특별한 재능은 필요치 않습니다.
우선 이 책을 읽고
나한테는 무엇이 부족할까?

이제부터 나는 무엇을 해야 할 것인가?

그걸 생각해 보세요.

### ◎ 다양한 분야에서 언제나 통한 '마케터 시점'

이야기를 바꿔, 제 소개를 해보겠습니다.

저는 대학 졸업 후 토요타자동차에 입사하여 신차 개발 엔지니어 분야에서 일하다가 TV 방송국 TBS로 이직했습니다. 그 후에는 외국계 컨설팅 회사 등에서 경영 관련 경험을 쌓았고, 현재는 마케팅 분야에 특화된 F6디자인주식회사라는 경영 컨설팅 회사를 운영합니다.

지금까지의 경험을 돌이켜보면, 다양한 분야에서 일하면서도 일관적으로 의식했던 점이 바로 '마케팅 시점'이었습니다.

'기업은 이래야 한다', '고객은 이렇게 해줄 때 기뻐할 것이다'라는 현장 시점을 무시한 전략이나 전술은 완전히 제외했습니다. 늘 현장에 중점을 두고 통찰하면서 '일반적으로는 이러하다', '이게 상식이다'라는 말보다는 '정론(正論)'에 무게를 두었습니다.

제가 말하는 '현장 시점'은 바로 **'고객 시점'**을 의미합니다.

저는 자동차 개발 업무에서 렉서스나 코롤라의 내장 모듈을 담당했습니다. 고객이 탔을 때 피로를 덜어주는 시트 제작이나 주행 중 실내 노이즈 줄이기, 혹은 '이런 기능이 있으면 좋겠다.'(예를 들어서 USB 커넥터 탑재) 등 고객 눈높이에 맞춘 자동차를 제작해 나갔습니다. 쉽게 말하자면 상품 마케팅이었죠. 고객을 기쁘게 하고, 고객의 불안을 덜어드리자는 마음으로 자동차 제작의 세세한 곳까지 깊이 몰두했습니다.

한편 TBS 방송국에서는 〈일요 극장〉이나 〈SASUKE〉, 〈일본 레코드 대상〉 등 TBS 주력 방송의 마케팅에 크게 관여했습니다. 예를 들어 〈SASUKE〉를 맡을 때 당시 방송국 내에서는 이 방송을 두고 '이제는 포기한 상태다.'라는 분위기가 감돌았습니다. 하지만 저는 프로듀서와 함께 끈질긴 분석으로 〈SASUKE〉를 원하는 잠재적 시청자들이 있음을 알아냈고, 그 시청자층에만 집중한 프로모션 대책을 여러 가지 개발했습니다. 그 결과, 그때까지만 해도 나이 든 시청자 중심이었던 방송을 젊은 시청자들도 포섭하는 프로그램으로 만드는 데 성공했습니다(물론 훌륭한 콘텐츠 덕분이기도

합니다).

〈일본 레코드 대상〉을 맡았을 때 역시, 당시 종합 연출자와 함께 휴일에도 시모키타자와에 있는 스타벅스에서 영업시간 내내 커피 한 잔을 곁에 두고 회의를 계속했습니다. 출연 가수의 노래 순서까지 꼼꼼하게 짜면서 집중했고, 아이들이 잠드는 시간까지 체크했죠. 왜냐하면 당시 대유행했던 애니메이션 〈요괴 워치〉를 언제 등장시킬지가 전체 시청률 증가에 가장 크게 작용하는 포인트임을 통계학적으로 파악했기 때문입니다. 다행히 운도 좋아서 시청률 15퍼센트를 넘어 방송 개시부터 종료까지 동 시간대 가장 높은 시청률을 기록했습니다. 제게 참 의미 있는 추억입니다.

TBS를 퇴직한 후에도 〈한자와 나오키 시즌 2〉의 프로모션 대책을 방송 회차 도중부터 짜기도 하는 등(정확히 말하자면 프로듀서가 갑자기 '어떻게든 좀 해줘.'라고 연락이 왔습니다), 마케팅의 힘으로 할 수 있는 일을 기획해 프로듀서에게 컨설팅도 했죠. 물론 공짜로요!

저는 지금도 기본적으로 이 마케터 시점을 기반으로 회사를 운영합니다.

마케팅 컨설팅 회사라고 칭하지만, 쉽게 말하자면 **궁극**

적으로는 고객 시점에서 생각해 보자라는 일관된 생각으로 일하는 회사입니다. 상품이든 프로모션이든 경영 컨설팅이든 모든 것을 최종 사용자, 즉 **엔드 유저 사고**\*에 철저하게 맞춘 컨설팅 회사죠.

이 궁극적인 고객 시점 사고의 근본을 확실히 잡는 동시에 전략을 짤 수 있다면, **누구나 시장을 '움직이는' 수준의 마케팅**을 할 수 있을 거라고 봅니다. 왜냐하면 저 역시 평범한 사람이기 때문이죠.


### ◎ 이 책의 구성

더 많은 사람이 읽기를 바라는 마음에서 이야기 파트와 해설(STUDY) 파트로 나누어 집필했습니다.

젊은 시절, 비즈니스 책을 사도 너무 어려워서 끝까지 읽은 책이 그리 많지 않았습니다. 그때의 경험을 떠올리며, 이 책은 **최대한 읽기 쉽게 쓰자**고 생각했습니다.

---

\* 웹사이트나 앱과 같은 디지털 플랫폼 및 시스템 서비스를 최종적으로 사용하는 일반 이용자.

그리고 이번에는 특히 마케팅이라는 전문적인 이야기를 다루므로, 스토리텔링 구조를 추가해 **마케팅과 인연이 없는 사람도 쉽게 이해할 수 있도록 독자의 눈높이에 맞췄습니다.**

물론 이 책은 소설이 아니고 비즈니스에 도움이 되길 바라며 집필한 것이어서, 주된 내용은 해설 파트에 있습니다.

이 책을 읽음으로써 앞서 언급한 마케팅 시점과 그 시점이 왜 비즈니스에 꼭 필요한지에 관한 근본적인 이유에 대해 자세히 파고들어 보셨으면 합니다.

지금부터 소개할 내용은 **노력하는데도 성과를 내지 못하고, 나한테는 소질이 없다며 포기하는 사람이 없도록, '어떤 조건'만 만족시키면 누구든 실천할 만한 방법들을 간단하게 정리한 것입니다.**

이 책은 마케팅에 관련된 부서에 배치되는 신입사원은 물론이고, 그 이외의 부서에 소속된 사람에게도 업무 성과를 내는 데 도움이 되도록 구성했습니다.

**새로운 환경에서도 어느 정도 적응해서 나름대로 부족한 부분을 채워가며 일을 하지만, 도드라진 성과를 내지 못하고 고민하는 사람에게도 중요한 메시지를 전달할 수 있을 것이라**

봅니다.

    올바른 노력으로 제대로 된 성과를 내는 분들이 조금이라도 많아지길 바랍니다.

야마모토 다이헤이

차례

**시작하며** 004

**INTRODUCTION**
**난 재능이 없는 걸까?** 029
**STUDY**
큰 시장으로 과감하게 나가자 046
손님이 필요로 하고, 기뻐하는 것은 무엇인가? 052
고객상이 또렷하게 보이는가? 055

**CHAPTER 1**
**2시간 회의에서 건진 게 없을 때** 059
**STUDY**
'구체화'와 '추상화'를 완전히 이해한다 071
'줄기에서 가지' 순서로 사고를 진행한다 077

## CHAPTER 2
### 새의 눈, 곤충의 눈, 물고기의 눈     081
### STUDY
당신에게 약점이란 무엇인가?     094
시야가 높은 사람과 낮은 사람은 무엇이 다른가?     098
'보이지 않는 것'을 찾아내자     101

## CHAPTER 3
### 의심하라, 원인과 대책은 별개다     107
### STUDY
'진정한 Why'를 얼마나 이해하는가?     121
Why가 먼저, How는 그다음     122
'상식'에서는 최대한 거리를 둔다     126
나 자신의 '옳다'를 고집하지 않는다     127
성공 경험을 과신하지 않는가?     133
모든 일에 '왜'라는 의문을 제기한다     134

**CHAPTER 4**
**니즈의 '본질' 찾는 법** 139

**STUDY**
　수단에 얽매이면 목적을 잃는다 153
　'경험한 정보'가 제일 강하다 155


**CHAPTER 5**
**내가 이길 수 있는 싸움터 만들기** 163

**STUDY**
　뛰어난 지적 생산에는 공통된 방법이 있다 173
　이노베이션이 태어나는 과정 176
　성과는 곱셈! 182

## CHAPTER 6
### 생각이 아니라 행동을 질문하라     189

**STUDY**

'상대가 원하는 것'에만 답한다     204
아무것도 창조하지 못하는 사람이
부딪히는 시장 조사의 벽     205
평소 우리의 사고방식은 상상한 것보다
훨씬 편향적이다     210
'시작 지점'은 어디까지나 상대방     215

## CHAPTER 7
### 샛길 찾기     219

**STUDY**

VUCA의 시대를 어떻게 봐야 할 것인가?     235
'본연의 모습'과 '현 상태'의 차이를 찾는다     237
약점을 숨겨야 한다고 생각하지 않는가?     240
샛길을 통해 문제를 해결하는 최종 병기     245
로지컬 싱킹의 한계를 넘는다     249

**마치며**     254

# INTRODUCTI

## 난 재능이 없는 걸까?

이 장에서는 마케팅 분야의
재능과 센스에 대해 이야기하고자 합니다.
나한테는 재능이 없다, 센스가 없다 같은 말만 중얼거리며
일을 포기한 경험은 없나요?
어쩌면 그건 '모르는 걸 모르는' 상태일 뿐일지도 모릅니다.
포기하기 전에 우선 자신이 생각하는 재능이나 센스에 대해
이해하는 것부터 시작해 봅시다.

이 이야기의 주인공 아이카와 다쓰야는 대기업인 '도카이식품'에 다닙니다. 상품기획부에 들어간 지 3년, 그는 고민 많은 직장인입니다. 기획은 통과되지 않고, 무슨 아이디어를 짜내도 평범하다는 평가를 받는 상황.

그는 이 문제를 어떻게든 해결해 보고자 고민했습니다. 동시에 아주 불안했습니다. 이대로 질질 끌려가듯 일하는 게 내 능력의 끝이면 어떡하나······. 그는 도저히 자신감을 가질 수가 없었습니다. 생각하면 할수록 자신이 하잘것없는 존재처럼 느껴졌어요.

처음 본 청소부 아저씨가 날 경찰에 신고할 것 같다. 누가 나 좀 살려줘!

*** 

나는 풀이 잔뜩 죽었다. 오늘은 사내 신상품 아이디어 공모전에 대비한 상품기획부 회의가 열리는 날이었다. 이번에는 정말 뽑힐 줄 알았는데. 개인 시간까지 쪼개가면서 정성을 다해 쓴 내 기획서의 의견란은 여름 폭풍이라도 몰아친 것처럼 난리가 났다.

통찰력이 부족하다.

설득력이 떨어진다.

원인 분석이 표면적이다.

새롭지 못하다.

접근 방식이 뻔하다.

고객상을 살피지 못한다.

전망 파악을 못 한다.

나는 어릴 때부터 뭘 배워도 평가는 늘 '보통'이었다. 성적표의 교사 평가란에는 '개성을 더 드러내길 바랍니다.'나 '나다운 면을 소중히 하는 게 좋겠습니다.' 등의 말이 적히곤 했다. 선생님, 전 10년이 넘은 지금도 그 평가들 못 잊는다고요.

어른이 된 지금도 동기들은 날 앞서고, 노력은 성과를 맺지 못하는 날이 대부분이다. 이대로 계속 질질 끌려가듯 일하게 되면 어쩌지? 생각만 해도 무섭다.

"다쓰야 씨, 최선을 다하면 성과는 꼭 나오기 마련이야."

상사의 말이 머릿속에 재생된다. 그게 말이 돼?.

**"올바른 방식으로 적절한 양의 노력을 해야 하는 법이지."**

최선을 다하는 중이다. 무슨 일이건 대충 하지 않는다. 교과서에 적힌 그대로 하는데, 왜 성과가 안 나오는 거지? 결국 비즈니스란 운이 좌우하는 것일까?

억울하기도 하고 한심하기도 하고 불안해서, 기획서 뭉치를 쥔 손에 절로 힘이 들어갔다. 종이가 살짝 구깃구깃해졌지만, 어차피 이건 파쇄기행이다.

자꾸 침몰하는 마음을 다스리려고 휴게실로 발길을 돌렸다.

내가 늘 마시는 캔 커피의 광고 문구는 이거다.

'평범한 맛.'

매일 봐서 외워버렸다. 제발 해동에 실패한 냉동밥처럼 엉망이 된 내 마음에 위안 좀 줘라. 그렇게 생각하면서 자판기 앞에 서서 커피 구매 버튼을 눌렀다. 이 커피를 마시면 어쩐지 나 자신을 인정받는 느낌이 든다.

평범한 게 제일, 평범한 맛. **평범한 게 뭐가 나쁘다고.** 나는 그런 생각을 하며, 몸을 굽혀 자판기 입구에서 캔 커피를 꺼냈다. 어라, 캔 커피 패키지가 어제와 달랐다.

'이제 평범하지 않은, 특별한 맛.'

나는 알루미늄 캔을 꽉 쥐어 찌부러트릴 뻔했다.

"이 배신자가!"

분노가 담긴 손으로 캔의 탭을 땄다. 힘이 너무 들어갔는지 엄지손가락과 손등 사이에 커피가 튀었다.

"앗, 뜨거워!"

풀이 죽어 자포자기 상태일 때, 통각이 자극되면 정신이 들면서 문득 울고 싶어지지 않는가?

나는, 나는 커피에게도 인정받지 못하는 걸까? 평범한 게 뭐가 문젠데? 캔 커피야, 굳이 다시 태어날 필요 없어. 그냥 나랑 평범하게 살자고.

평범함이라는 건 뭘까? 평범함이 나고, 내가 평범함이었는데. 커피를 마시며 그런 생각을 했다.

내가 국회의원이 된다면 '평범하면 안 되는 건가요?'라는 말을 반드시 유행시키고 말 거다. '나다운 게 뭡니까? 평

범하면 안 되는 거예요?'라는 식으로.

……나도 안다. 하나도 재미없다. 그래, 안다고. 나는 재밌지도 않고, 일을 잘하는 것도 아니고, 특기도 취미도 특출난 게 없다. 난 따분하기만 한 인간이다, 젠장.

**"넌 노력가구나."**

내가 늘 듣는 말이다. 누굴 바보로 아나? 성과도 내지 못하면서 노력하는 모습이 성과를 내는 사람 눈으로 보면 얼마나 우스울까. 비웃을 게 분명하다.

나는 두 손으로 자판기를 끌어안듯 붙잡고 이리저리 흔들었다. 물론 꿈쩍도 하지 않았지만.

"대체 난 뭘 어떻게 해야 성장할 수 있는 거야? 나한테 재능이 있긴 해? 있으면 좀 나오라고!"

정신을 차려보니 어느새 마음속 고민과 분노를 소리 내어 외치고 있었다.

"나오란 말이야!!"

어휴, 정말 바보 같다. 지금 뭘 하는 거람? 내 한심한 짓에 한숨이 나오던 그 순간, 뒤쪽에서 말소리가 들렸다.

"아, 여보세요, 거기 경찰서죠? 도둑놈이 자판기에서 잔돈을 훔쳐가려고 '나오란 말이야!' 하며 기계를 막 망가트리고 있는데요……."

그런 도둑이 어디에 있다고……. 아, 나구나. '나오란 말이야!' 때문이라면…… 내가 맞다.

***

바로 여기까지가 방금 전에 일어난 일이다.

나는 목소리가 들리는 쪽으로 움직였다. 그곳에는 작업복을 입은 청소부 아저씨가 스마트폰으로 통화 중이었다. 신고하는 목소리의 주인이 바로 이 아저씨인 모양이다.

우선 오해를 풀기 위해 조심스럽게 말을 걸었다.

"저어, 방금 그건 돈을 꺼내려고 그런 게 아니라 저어…

그 저의 재능 때문에……."

나는 초면인 사람한테 무슨 말을 하려는 걸까.

"더 수상하네. 얌전한 사람처럼 보이니 제가 파출소까지 직접 데리고 가겠습니다." 아저씨가 전화기에 대고 말했다.

"정말 그런 거 아니라고요. 전 여기 직원이에요!!" 나는 그렇게 대꾸하며 사원증을 보여주려 했다.

아저씨는 내 사원증보다도 내가 옆구리에 끼고 있던 기획서를 가만히 바라보았다. 그러더니 "…아아, 경찰관님, 제 착각인 것 같네요. 죄송합니다."라며 전화를 끊었다.

나, 이제 살았나?

"소란을 피워 죄송합니다." 나는 사과부터 했다.

"아니, 나야말로 미안합니다." 아저씨가 말했다.

"저야말로 오해 살 만한 행동을……."

"근데, 대체 뭘 그렇게 나오라고 소리친 거예요?"

나는 아저씨에게 사정을 설명했다.


"평범함에서 벗어나고 싶다라……. **평범해서 뭐 문제라도 있나 보죠?**"

"평범한 기획은 사내 아이디어 공모전을 통과하지 못하

니까요." 나도 모르게 본심이 튀어나왔다.

"콤플렉스군."

아저씨의 말에 얼굴을 찡그렸다. 괜히 귀 따가운 설교는 듣고 싶지 않았다. '나 젊을 때는 말이야.' 하는 소리가 나오기 전에 도망가고 싶었다. 그런데 아저씨가 갑자기 이런 말을 했다.

"그쪽, 입사 3년 차 기획부 소속이죠?"

그 말에 깜짝 놀랐다.

"어떻게 아세요?"

잠시 생각해 보니 내가 말한 '사내 아이디어 공모전'으로 감을 잡은 게 아닐까? 하는 의심도 들었지만, 그것 가지고 입사 3년 차라는 것까지 알 수 있나?

"그걸 봤으니까 알지."

그렇게 답하며 아저씨는 내 소맷자락을 가리켰다.

"그 재킷, 사이즈가 안 맞네요? 영업부에서 몸에 맞지 않는 옷을 입는 걸 용납할 리 없고. 그러면 평소에 재킷을 안 입는 부서 소속 직원일 텐데…. 자주 잔돈을 깜박하는 걸 보면 관리부나 경리부도 아닌 것 같고."

그러면서 아저씨는 자판기에 있던 잔돈을 꺼내 나한테

건넸다. 아차, 아까 커피 사고 나온 잔돈을 안 꺼냈다.

"그리고 그 주머니에 든 지갑, 신발, 차림새를 보고 추측해 보자면 대략 월급이 짐작되고, 그렇다면 입사 3년 차쯤 되지 않았나 결론을 내렸을 뿐이에요."

이 아저씨, 정말 뭐지? 오늘 처음 본 사람의 정보를 이렇게까지 추리해 낸다고? 나는 살짝 감격하고 말았다. 아저씨는 내 표정을 보더니 말을 이었다.

"기획부라면 지금 내가 한 것처럼 **남을 분석할 줄 아는 마케팅 능력**이 필요하죠. 평범이니 특별이니 그런 건 상관없어요. 그저 보는 시각을 알아야 하는 거지."

책에서 딱 이런 걸 본 적이 있다. '페르소나 분석'이라고 하던데. 정말로 그걸 할 줄 아는 사람이 있다니!

"농담이고, 사실은 아까 사원증 뒷면에 입사 연도가 적힌 걸 봤어요. 주식회사 도카이식품, 상품기획부 2018년 입사."

당황한 나는 내 사원증 뒷면을 봤다. 정말로 매직으로 '2018년 입사'라고 적힌 카드가 들어 있었다. 사내 레크리에이션 시간 때 썼던 걸 넣어두고 안 뺐나 보다.

그럼 아저씨의 능력이 아니란 말인가. 어쩐지 제대로 속은 기분이었다. 그렇다면 내가 공부한 '페르소나 분석'이나

'시장 분석' 같은 것도 역시 하나도 도움이 안 되는 걸까.

이러나저러나 **기획은 '운'**인 것일까. 나는 이 이상한 아저씨에게서 벗어나고 싶어졌다.

"그럼 이만 가보겠습니다. 평범한 저는 마케팅에서도, 기획에서도 활약을 못 하니까요."

"잠깐만! 우리 그 커피 얘기 좀 해보죠."

"아, 이 '평범하지 않은' 커피 말이세요? 전 그럴 생각 없는데요." 나는 그렇게 말하며 자판기 쪽을 잠시 노려봤다.

"캔 커피에 무슨 원한이라도 있어요?" 아저씨는 내 시선을 따라 자판기를 보더니 "아, 그래!"라며 작게 손뼉을 쳤다. 그러고는 내가 뽑은 커피가 진열된 곳을 가리키며 질문을 던졌다.

**"캔 커피는 왜 저 위치에 있을까요?"**

내가 산 커피는 3단으로 진열된 상품 중 제일 아랫단에 있었다.

"캔 커피가 제일 아래에 있는 이유요?" 그거야 구매자 시야에 잘 들어와서 그런 거 아닌가?

"그래요, 제일 위도 아니고 한가운데도 아닌, 제일 아래에 있는 이유요." 아저씨가 대답했다.

"잔돈 투입구에서 제일 가까운 위치라서 눈에 잘 들어오니까?" 책에서 본 적 있는 내용이라 자신감 있게 대답했어야 했는데, 결국은 되묻는 식으로 답하고 말았다. 에휴, 나 스스로에게 자신감이 없다는 증거였다.

"그것도 답이 되긴 하죠. 그럼 상황을 바꿔서, 내가 만약 그쪽 말을 제대로 못 알아들으면 어떻게 할 거죠?"

갑자기 이게 무슨 소리람? 엉뚱한 소리를 하는 아저씨는 내버려 두고 그냥 가버릴까. 그런 생각을 하며 휴게실 출구 쪽으로 슬쩍 움직이며 대답했다.

"목소리를 더 크게 하거나 아저씨 근처로 가서 말하겠죠."

"맞아, 잘하는데? 그게 마케팅이죠!" 아저씨가 내 눈을 보고 말했다.

이 사람은 대체 무슨 말을 하는 거지?

"그건 마케팅이 아니라 의사소통 아닌가요?" 나는 아저씨한테 따졌다.

"맞아요. 지금 나와 의사소통을 하는 중이잖아요. **마케팅이라는 건 우리가 지금 대화를 하는 것처럼, 시장과 의사소통을 하는 거니까요.**"

하, 무슨 말을 하는지도 모르겠고, 이게 지금 뭐 하는 짓인가 싶어 고개가 절로 떨어졌다.

"그쪽이라면 마케팅, 할 수 있어요."

아저씨의 말에 다시 얼굴을 들었다. 이 아저씨 설마 내 가능성을 보고……?

지금까지 쌓였던 짜증과 불안이 단번에 날아간 건 아니지만, 조금은 마음이 편해졌다.

"마케팅은 누구나 할 수 있거든요. 나 같은 청소부 아저씨도 말이죠."

잉? 뭐야. 누구든 할 수 있다고? 그치만, 정말로?

아저씨는 씩 웃으며 말했다.

**"기획부에서 활약할 방법, 내가 가르쳐 줄까요?"**

혹시 이 아저씨는 우리 회사 간부인가? 무슨 아이돌 그룹 오디션처럼 회사에서 깜짝 테스트라도 하려고 청소부인 척하는 걸지도……?

"아저씨, 혹시 우리 회사랑 무슨 관련 있으세요?" 나는 불쑥 질문하고 말았다.

아저씨는 "맞아요." 하고 고개를 끄덕였다.

역시 그렇구나. 큰일이다. 정체를 알아채 버렸으니 깜짝 테스트는 끝인가? 프로그램에 초를 쳤다고 강등이라도 되는 거 아니야? 하긴 지금 와서 더 떨어질 데도 없지만. 그래도 무섭긴 하다.

아저씨는 어깨를 으쓱하면서 "예전에는 그랬죠. 하지만 지금은 그냥 청소부 아저씨예요."라며 말을 이었다.

**"회사에서는 '노력'의 방향과 방법이 잘못돼도 그걸 아무도 가르쳐 주지 않죠.** 왜냐하면 뭐가 옳은지는 사람마다 다르니까. 답도, 문제 푸는 방법도, 심지어 내가 나아가려는 방향도 알 수 없는 바다에 빠져 허우적대느라 많이 힘들죠? 난 그런 젊은이를 구해주고 싶거든."

아저씨는 내 품속에서 구겨진 기획서를 눈짓하며 말했다.

역시 높은 사람이었구나. 어디 소속이었냐고 물어볼 수

는 없지만, 아무래도 우리 회사랑 깊은 인연이 있어 보였다.

"그쪽은 아직 젊은데도 '앞으로 변할 건 없어. 나는 어떻게 해야 좋지?' 하고 고민했죠? 지금부터가 시작이에요. 내가 가르쳐 줄게요."

아저씨의 말에 가슴이 뜨거워졌다. 상사한테서도 이런 말을 들어본 적이 없다. 아니, 이렇게 내 심정을 남에게 털어놓아 본 적도 없다.

그렇지만 어디서 뭘 하던 사람인지도 알 수 없는 사람을 믿어도 되는 걸까? 회사 규범적인 면에서 봐도……. 

"지금 '이런 아저씨한테 회사 고민을 털어놔도 될까?'라고 생각했죠? 괜찮아요. 나는 여기 사장님과 아는 사이거든요. 그것도 유치원 때부터."

내 생각을 전부 꿰뚫어 보는 모양이다. 나는 아저씨의 시선을 살짝 피하며 생각에 잠겼다.

아까 들었던 말을 떠올려 봤다.

**시장과의 의사소통.**

책과 세미나에서는 어려운 시장 분석법을 가르쳐 주는

일은 있어도, 이런 근본적인 사고법에 관해서는 들어본 적이 없던 것 같다.

어쩌면 이 아저씨와 대화를 나눠보면 이번 사내 아이디어 공모전에서 내 기획이 통과될지도 모른다.

그리고 평범한 나 자신에게서 벗어날 수 있을 것 같다.

나는 그런 기대감을 품고 기획서에 잡힌 주름을 펴며 말했다.

"그럼 선생님, 저한테 마케팅 좀 가르쳐 주세요."

나는 내가 찾아내지 못했던 나다움 찾기와 기획부에서의 활약을 위해, 나를 경찰에 신고하려 했던 청소부 아저씨를 믿어보기로 했다.

맞은편 빌딩에 설치된 대형 스크린에서 나를 배신한 커피 광고가 나오는 것이 보였다.

'이제 평범하지 않은, 특별한 맛.'

**STUDY**

## 큰 시장으로 과감하게 나가자

마케팅에 관한 설명을 하기 전에, 개개인의 재능 및 센스의 정체와 그것을 어떻게 받아들여야 하는지에 대해 이야기해 보겠습니다.

재능이란 무엇일까요?
어떤 일을 잘해 낼 수 있는 뛰어난 능력을 의미합니다.

센스란 무엇일까요?
어떤 것의 특징을 잘 잡아내는 능력 및 판단력, 감각을 뜻합니다.

과연 그럴까요?

"나한테는 재능이 없어."
"넌 타고난 센스가 있구나."

실패하면 변명부터 하는 그런 사고 정지 상태에 빠져 있지는 않나요?

재능과 센스라는 말의 진정한 의미를 이해하지 못한 건 아닐까요?

재능과 센스의 본질이란 **나 자신이 마주한 일에 대해 얼마나 깊이 생각하는가**입니다.

지식을 많이 집어넣기만 해서 되는 게 아닙니다. 스스로 그 정보를 어디까지 고려하고 활용할 수 있는지가 중요합니다.

마케팅에 관한 재능이나 센스를 논할 때, 어쩌면 가장 중요한 요소는 **'평범함'을 현실적으로 이해하는가**일 것입니다. 정말로 필요한 것은 특별한 능력이 아닙니다.

마케팅에서는 아주 평범한 일반인으로서의 감각을 가지는 것이야말로 가장 필요한 자질이니까요. 왜냐하면 시장 한가운데, 다시 말해 **모집단을 구성하는 것은 바로 대중**이기 때문이죠.

마케팅을 하는 데는 '평범함에 대한 이해'나 '일반인으로서의 감각'이 필요합니다.

마케팅이라는 단어를 분석해 보면 그 이유를 알 수 있을지도 모릅니다.

그런데 사실 마케팅이라는 단어는 정의가 모호해서, 사람에 따라 그 정의도 다릅니다. 그러니 스스로 정의 자체를 생각해 봐도 좋을 것입니다.

경영학자 피터 드러커는 "마케팅의 목적은 판매를 불필요하게 하는 것이다. 마케팅의 목적은 고객을 충분히 이해하여 고객에게 맞는 제품이나 서비스가 자연히 판매되도록 하는 것이다."라고 말했습니다.

근대 마케팅의 아버지라고 불리는 필립 코틀러는 마케팅을 "니즈에 맞춰 이익률을 올리는 것."으로 정의했다고 하죠.

저는 몇 번이나 헤맨 끝에 이런 해석에 이르게 됐습니다.

**마케팅=마켓(Market)+잉(Ing)**

마케팅은 시장을 움직이는 것입니다. 즉, 결과적으로 **시장을 움직이는 것이 마케팅의 본질적 가치**라는 뜻이죠.

최근에는 디지털 영역이나 단순한 업무 효율화 분야에서도 ○○마케팅(예를 들어 SEO 마케팅\*)이라는 식으로 이름 붙일 때가 있는데, 그러한 것들은 '시장을 움직인다.'에 해당하지 않습니다.

'시장'에 대해 설명하자면, 그 **볼륨존을 구성하는 것은 '일반인(=대중)'**입니다.

볼륨존(Volume Zone)은 시장에서 가장 큰 소비 수요를 보이는 영역을 의미합니다. 물론 모집단의 수가 적은 부유층을 타깃으로 삼아 특수한 상품을 취급하는 마케팅도 있지만, 이 책에서 그런 부분은 다루지 않습니다. 대부분의 마케팅 업무는 볼륨존을 타깃으로 하는 경우가 많기 때문이죠.

시장 모집단이 어떤 것인지 간단한 예를 생각해 볼까요. 고급 차인 페라리를 사는 사람과 경차를 사는 사람 또는 페라리를 판매하는 사람과 경차를 판매하는 사람 중 어느 쪽이 많은지 따져보면 알 수 있습니다.

---

\* 'Search Engine Optimization'의 약자. '검색 엔진 최적화'라는 뜻이다. 검색 엔진의 검색 결과에서 상위에 노출되도록 웹사이트를 최적화하는 것을 의미한다.

모집단이 큰 쪽 사람들과 같은 감각을 가지지 못한다면, 시장(=대중)을 움직일 수 없습니다.

정리해 보자면, 시장 움직이기를 전제로 한 마케팅에서는 '마켓=대중'이며, '마케팅=대중을 움직이는 것'입니다. 이걸 이해해야만 '마켓+잉'의 첫걸음을 뗄 수 있습니다.

# 세 개의 시장

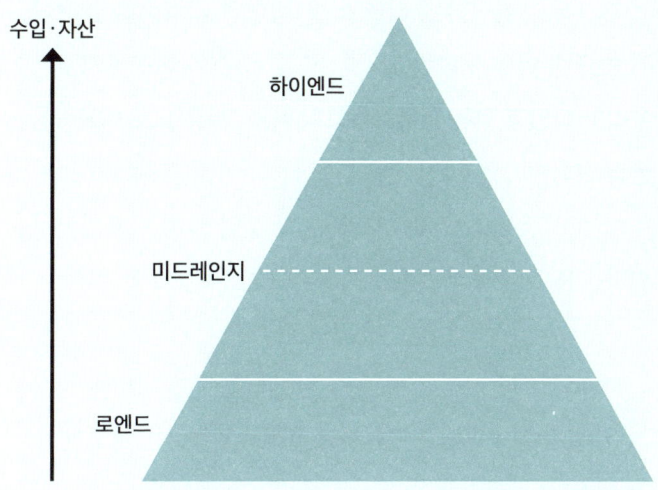

| | |
|---|---|
| **하이엔드 (High end)** | 고품질 제품이나 서비스를 원하는 고소득층, 즉 부유층을 일컫는다. 고소득자는 한정적이어서 고객 수도 제한적이고, 그 시장을 노리는 기업 수 역시 적다. |
| **미드레인지 (Mid-range)** | 평균적인 가격대의 제품이나 서비스를 원하는 중간 소득층이다. 일반적으로 '볼륨존'이라고도 불린다. 시장 전체에서 고객수가 가장 많으므로, 고객 획득을 목적으로 한 기업도 다수 존재한다. |
| **로엔드 (Low-end)** | 값이 저렴할수록 구매 욕구가 상승하는 층이다. 가격 경쟁이 빈번히 일어난다. |

## 손님이 원하고, 기뻐하는 것은 무엇인가?

시장을 움직인다고 하면 어떤 특별한 지식이나 능력이 필요한 게 아닐까 하는 생각이 드실 겁니다. 하지만 사실은 **우리가 타인과 하는 의사소통의 대상을 '시장'으로 바꾸었을 뿐입니다.**

이 의사소통을 이해하게 되면, 대중이 느끼는 불만이나 깨달음을 직접 느끼며 해결책을 강구할 수 있게 됩니다.

마케팅은 마치 사건 현장 최전선에 있는 게 당연한 형사처럼, 현장에서 **깨닫고 구현하여 실제로 적용하는** 과정이 주를 이룹니다. 현장에서의 작은 깨달음이 큰 시장을 움직이는 것이죠.

일반적인 감각을 갖추지 못한 사람은 현장의 최전선에 설 일이 없어서 대중이 느끼는 작은 불만이나 그들이 품는 이상 등을 알아차릴 수가 없습니다.

그런 사람은 현장 조사를 할 때 대체로 싱크탱크 등의 제삼자 기관에 의뢰합니다. 일견 전문적으로 보일 수 있지만 타자가 얻어 가공한 정보를 활용하기 때문에 (일상적으로 현장에 있지 않아서) 소비자의 진짜 불만을 포착하기 위한 축을 갖출 수가 없습니다.

# 네 가지 '불(不)'에 주목하자

**불만** — (예) 도심의 카페 체인점에서는 옆 좌석과의 거리가 가까워서 편히 쉴 수가 없다.

**불안** — (예) 중고차에 관심이 많지만, 타다가 고장이나 문제가 생기진 않을까 걱정된다.

**불쾌** — (예) 비가 내릴지 알 수 없는 날에 접이식 우산을 가지고 다니는 게 귀찮다.

**불편** — (예) 대형 병원은 대개 당일 예약은 안 돼서, 줄을 서서 기다리지 않으면 진찰받기 어렵다.

아까 언급한 마케팅하는 데 필요한 '자질'의 의미를 이제 이해하셨나요?

그럼 이 일반적인 감각은 어떻게 익히면 좋을까요?

그건 일상생활을 바라보는 시각만 바꾸면 얻을 수 있습니다. 매일을 아무 생각도 없이 보내는 게 아니라, 그곳에 존재하는 **무언가의 존재 의미나 의도를 고민해 보는 겁니다.**

우리 주변에는 마케팅적 사고가 넘쳐납니다. 예를 들어서 틱톡이나 인스타그램의 릴스는 왜 세로 스크롤을 사용할까요?

그건 아침에 지하철을 타거나, 횡단보도 앞에서 스마트폰을 만지작거리는 학생들의 손가락 움직임을 보면 어느 정도 알 수 있지 않을까요. 그것 말고도 다양합니다.

왜 도로 표지판은 눈에 띄는 색일까.
왜 교통신호는 빨간색, 녹색, 노란색일까.
왜 과자의 개봉 입구는 알아보기 쉽게 표시돼 있을까.

이렇게 우리 주변에는 나 자신이 대중의 한 사람으로서 느끼는 일상 속 불편이나 '이렇게 되면 좋겠다.'라는 문득 떠오른 생각 등, **작은 깨달음을 통해 얻은 아이디어를 반영한** 제품이나 서비스가 많이 존재한답니다.

## 고객상이 또렷하게 보이는가?

대개 마케팅이라고 하면 뭔가 대단한 것이라 생각합니다. 생소한 영어 단어를 늘어놓으며 시장 동향에 대해 (마치 고급 기술인 것처럼) 설명하거나, 수천 명을 대상으로 설문조사를 시행하고 혹은 시스템 및 클라우드에 저장된 고객 데이터 분석을 하는 것이 마케터의 일이라는 이미지가 있는 것 같지만, 절대로 그렇지 않습니다.

만약 여러분도 마케팅을 이처럼 '특별한 고급 기술'로 생각한다면, 그 마케팅은 이 책에서 정의한 마케팅과는 상당히 거리가 있습니다. 즉, 세상에서 말하는 '일반적'인 것에서 제일 멀다고 할 수 있죠.

평소에 슈퍼마켓에서 물건을 사보지 않은 사람이 상품 배치를 고려할 수 있을까요.

드라마를 보지도 않는 사람이 시청률 40퍼센트가 넘는 히트작을 만들어낼 수 있을까요.

자동차 운전을 해본 적도 없는 사람이 승차감이 좋은 차를 개발할 수 있을까요.

지방에 가본 적도 없는 사람이 지방 활성화를 할 수 있을까요.

수치화된 데이터만 활용한다고 해서 M1 그랑프리 챔피언이 될 수 있을까요.

그럴 수 없겠죠.

방금 꼽은 사례는 신발을 신어본 적 없는 사람이 신발을 만드는 것과 마찬가지 상황입니다. 이상하게 들리시겠지만, 사실 세상에는 이런 식으로 행동하는 사업가가 많습니다.

**세상의 '일반적'이 무엇인지 알지 못하면 시장을 움직일 수 없습니다.**

이론이나 표면적인 정보에 가치가 있다고 믿는다면 그것이야말로 '센스가 없다.'는 말을 맹신하는 것과 같은 상태일지도 모릅니다.

일상생활에서 보는 시점을 바꿔나가면서 세상의 일반적인 감각을 접한다면 당신은 시장을 움직이는, 다시 말해 '마켓'을 '잉'할 수 있게 될 것입니다.

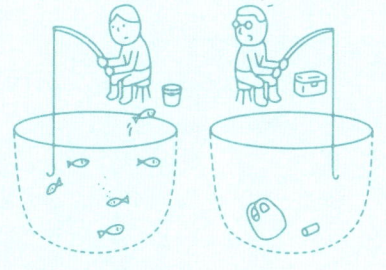

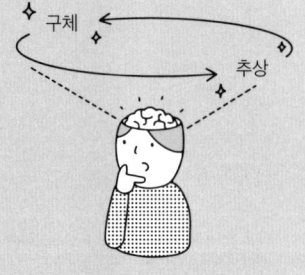

## 2시간 회의에서 건진 게 없을 때

이번 챕터에서는 사물을 관찰하고 생각하는 데 필요한
'구체와 추상'에 대해 설명하겠습니다.
뜬금없는 질문이지만 '사과'를 추상화하면 무엇이 될까요?
정답은 '과일'입니다. 이처럼 단순한 구체와 추상은
쉽게 오갈 수 있습니다. 하지만 행동이나 현상 등이 얽힌
복잡한 상황에서 구체와 추상을 오가는 건
꽤나 어려울 수 있습니다.

> 사내 아이디어 공모전을 위한 상품기획부 회의에 참석한 다쓰야. 회의에서 의견을 제시하려고 했지만, 다른 직원들의 반응이 무서워서 아무 말도 할 수 없습니다.

"다들 2개월 후에 있을 우리 회사 아이디어 공모전을 위한 기획안을 내보세요."

연이은 회식 때문인지, 쉰 목소리로 회의를 시작하는 다나카 부장. 전에 봤을 때보다 벨트 위에 걸쳐진 뱃살이 더 늘어난 것 같다. 나는 그걸 곁눈질하면서 회의실 가운데에 놓인 화이트보드로 시선을 주었다.

오늘 회의는 2개월 후에 열릴 사내 아이디어 공모전을 위해서다.

"이번에 초콜릿 과자 신상품 기획을 짜려고 하는데, 먼저 우리 회사의 베스트셀러 상품으로 무엇이 있는지 예를 들어보죠."

화려한 색소를 사용한 덕분에 SNS에서도 눈길을 잡아끄는 사탕, 지금까지 시장에서 선보인 적이 없을 만큼 많은 종류의 구미 젤리, 거기에 어린이 고객을 타깃으로 한 놀이 학습을 겸한 과자까지. 다양한 상품들 얘기가 나왔다.

"하여간 요즘 젊은이들은 SNS만 한다니까." 스즈키 차장이 그렇게 말했다. 그러자 다른 직원들도 "우리 딸도요." 하며 갑자기 애들 얘기를 하기 시작했다.

아니, 지금 회의 중인데 그런 잡담을 하면 어떡해? 이런 생각을 하면서도 '자네 의견은 참 평범하군.'이라는 말이 무서워서 아무 의견도 꺼내지 못하는 20대 남자가 바로 나다.

결국 오늘 회의는 각 상품의 구체적인 특징만 예로 들다가 끝나버렸다. 그리고 부장님 딸 이야기……. 이런 회의인데 무려 2시간이나 소요됐다. **회의 같은 건 30분이면 충분하지 않나?** 전에 읽은 비즈니스 책에서는 그렇게 나왔는데. 이러다가 이 회사는 시장 경쟁에서 뒤처지다가 끝날 판이다.

퇴근 시간, 최근 며칠간 그랬듯이 오늘도 휴게실로 향했다.

"전 회의를 없애고 싶어요."

"자네는 항상 뜬금없는 소리를 해. 그래, 무슨 일이 있었는지 내가 들어줄게."

나는 아까 있었던 회의 이야기를 했다.

"결국 아무 결론도 못 내고 회의가 끝났어요. 고객 설문

조사부터 상세히 살펴보거나 단가 분석 등 여러 가지를 알아봐야 할 것 같은데 말이죠."

나는 매일 아침 전철에서 읽는 비즈니스 책이나 신문, 유료로 참석했던 세미나에서 얻은 지식을 가지고 아저씨에게 내 생각을 말했다. 하지만 회의에서는 차마 말할 수 없었다. 왜냐면 **'그런 당연한 말은 왜 하냐?'**라고 따질까 봐 두려웠기 때문이다.

아저씨는 내 이야기를 끊지 않고 듣다가, 내가 말을 마치자 이렇게 말했다.

"이봐, 내가 마케팅을 배우는 데 중요한 사고법 중 하나인 '구체와 추상'에 대해 가르쳐 주지."

아저씨는 들뜬 얼굴로 우리 기획부의 현 상황을 분석하기 시작했다.

"자네 기획부는 신상품을 기획할 때 우선 잘나가는 인기 상품부터 분석하려 했지? 거기까지는 괜찮아. 그건 마케팅에서 중요한 부분이니까. 하지만 **각 인기 상품의 구체적 특징만 거론하고 끝나다니, 회의 시간만 아깝지.** 그럼 이후 어떻게 새로운 상품을 만들 거지? 만약에 신상품을 만들었다고 해도 그래서는 '표절'밖에 안 돼. 예를 들어 《복숭아 이야기》를 가지고 《사과 이야기》라는, 과일만 바꾼 동화를 만들게 될 뿐이야. 그러면 사람들은 눈길도 주지 않아. 그러니까 구체적인 특징을 추상화해 봐야 해."

아저씨는 계속 설명을 이어나갔다.

"자네 회사의 인기 상품은 반짝이 사탕과 하드 구미 젤리, 그리고 그림을 그릴 줄 아는 어린이를 고객층으로 삼은 초콜릿이지? 그럼 그걸 추상화해 보자고."

"모두 식품 아닌가요?" 나는 냉큼 대답했다.

"그래, 그렇지. 이제 더 **세부적으로 추상화**해 보자고. 지금 한 추상화 방법은 나와 자네를 가지고 '유기물 덩어리'라고 칭하는 것만큼 많이 대략적인 추상화니까."

'이것도 대략적이라니, 현상이나 특징을 추상화하는 일이 제법 어렵네.' 그런 생각을 하며, 나는 어떻게든 아저씨의 물음에 답하려 애를 썼다.

"으음, 모양새가 화려하다?"

"모양새가 화려한 이유는 뭐지?" 아저씨가 되물었다.

아마 답은 'SNS에 노출할 때 시선을 사로잡는 걸 노린 상품이 많으니까.'일 것이다. 나는 그렇게 생각하며 이렇게 대답했다.

"사진을 찍고 싶어지게끔…… 하려고?"

그러자 아저씨는 내게 질문을 던졌다.

"자네는 평소 편의점에서 산 도시락을 가지고도 사진을 찍나?"

이 아저씨의 말은 늘 느닷없다. 이러면 이야기가 엉뚱한 방향으로 흘러갈 텐데.

"안 찍어요. 별 특별한 것도 없으니까요."

"그렇지. 평범한 도시락이니까."

나는 '평범'이라는 단어에 절로 반응할 뻔한 것을 꾹 눌러 참았다. 예민하게 굴면 살기 힘들 뿐이다.

아저씨는 말을 이었다. "그럼 편의점에서 음식을 사는 이유는 뭔데?"

"배가 고프니까요." 나는 바로 대답했다.

아저씨의 질문과 내 대답의 릴레이는 몇 번이나 계속됐다. 그리고 아저씨는 뉴스 방송처럼 자세히 해설해 주면서, 내가 답에 도달하는 데 필요한 말을 계속해서 건넸다.

"사람들이 음식을 사는 이유는 '주린 배를 채우기 위해서'지. 그러면 사람들은 자네 회사의 인기 상품을 왜 살까?"

저렴해서? 아니, 지금은 가격이 아니라 상품 기능에 초점을 맞추는 추세다.

밥을 먹는 건 주린 배를 채우기 위해서지만, 예를 들어 젊은 사람들이 유행하는 먹거리를 사려고 오랜 시간 동안 긴 줄을 서거나 예약하는 건 SNS에 올리기 위해서일까? 아니면 사진을 찍으려고?

나는 답을 알아낸 듯한 기분이 들었다.

"아아, 사람들의 목적은 배를 채우기 위해서만이 아니네요. 그러니까 인기 상품을 추상화해 보면 **섭취 이외의 목적이 설정되어 있다!** ……이거 아닌가요?" 갑자기 자신이 없어져 목소리가 기어들어 갔다.

그러자 아저씨는 "바로 그거야! 그렇게 하나씩 구체적 특징을 추상화하는 거지."라며 손가락을 딱 소리 나게 튕겼다.

"구체와 추상을 오가다 보면, **상품의 다각적인 특징을 찾아낼 수 있어.**"

"한 단계 레벨업한 자네에게 문제를 하나 내지. 왜 자네 회사는 상품을 만들 때 '섭취' 이외의 목적을 포함했을 것 같나?"

으윽, 기획부에 있으면서도 대답할 수가 없다니. 이런 나 자신이 너무 한심해.

그저 상품을 팔기만 해서는 살아남기 힘들어서? 너무나도 추상적이어서 차라리 초등학생이 쓴 글이 더 짜임새가 있을 것 같다.

"다른 회사도 하니까?"

또 평범한 대답을 하고 말았다. 하지만 이것 말고 다른 답은 생각도 나지 않는 나 자신에게 슬슬 짜증이 났다. 그렇게나 비즈니스 서적을 읽고, 상품 개발 비화가 담긴 다큐멘터리 방송들을 챙겨 봤는데도 답을 알 수가 없었다.

나는 슬쩍 위를 보면서 생각하는 척을 했다. 이렇게 내 능력 부족을 순순히 인정하지 못하는 태도도 고치고 싶다.

그러자 아저씨는 이렇게 말했다.

"그것도 말은 되지. 하지만 다른 이유가 더 많을 테니 선배한테라도 한번 물어봐. 그러고 나서 스스로 조사를 해. 나는 이 회사 사람이 아니니 자네한테 그것까지 가르쳐 줄 수는 없어."

 이 아저씨가 갑자기 왜 발을 빼려는 거지? 아니, 여기에도 무슨 사정이 있는 모양이다.

 "저어, 마케팅은 아저씨가 더 잘 알 것 같은데……. 그런데도 제가 회사 선배한테 물어봐야 하는 이유가 뭔가요?" 나는 문득 그런 질문을 던졌다.

 "나보다 자네 선배가 **오랫동안 회사 상품을 접하며 살았으니까** 그렇지."

 아저씨가 눈을 치뜨며 말했다. "자네 혹시 선배야말로 별 볼 일 없다고 생각하는 거야? 그 선배가 히트 상품을 내진 못했더라도 분명 엄청난 양의 '정보'는 가졌을 거야."

 너무나도 당연해서 생각조차 못했다. 나는 싱싱한 정보를 가진 사람이 코앞에 있는데도 책이나 화면 너머의 사람 생각에만 귀를 기울였던 것 같다.

 돌이켜볼수록 그렇다. 모든 것이 지식만으로 해결된다면 아마 나도 지금보다는 좀 나았겠지. 그렇지만 분명 이 세상에는 지식만으로는 어떻게 해볼 수 없는 것들이 많다. 그런 생각을 하며 아저씨의 말에 고개를 끄덕였다.

 "어떻게 해야 구체와 추상을 오갈 수 있나요?" 혹시 뇌

단련 책 같은 걸 읽어야 할까. 스마트폰의 서점 앱을 바로 켰다. 아저씨가 추천해 주는 책을 검색해 보기 위해서다.

"책을 찾아보는 것도 좋겠지. 근데 아까 한 얘기의 반복이지만, 좀 더 자네 **주변에 눈길을 돌려보는 게 어때?**"

아저씨는 진지한 표정으로 창밖에 시선을 주며 말을 이었다.

"잘나가는 상품이 잘 팔리는 이유가 있는 것처럼, 매일 일어나는 일도 다 이유가 있어. 그 현상만 보는 게 아니라 **왜 그 현상이 일어났는지 이유를 따지는 습관을 들이면** 자네가 가진 콤플렉스도 해결이 될 것 같은데."

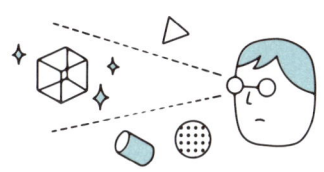

내 주변의 일들, 그 이유를 따지는 습관. 나는 아저씨의 말을 곰곰이 생각해 봤다.

사회인이 되고부터 **주변에 일어나는 현상에 대해 늘 '원래 그런 것이다.'라고만 여기며 살아온 듯하다.**

'왜요?'라는 질문으로 어른들을 힘들게 하는 아이처럼 나도 여러 현상을 보고 그 이유를 생각해 보자는 마음이 들었다.

스마트폰을 껐다.

나는 지금껏 지문이 닳도록 페이지를 넘기며 반복해 읽은 비즈니스 서적보다 오늘 나눈 대화에서 앞으로 기획부에서 일하는 데 필요한 무엇인가를 찾아낸 것 같았다.

## STUDY

## '구체화'와 '추상화'를 완전히 이해한다

새로운 서비스나 신상품을 기획할 때의 구체와 추상 사고법을 설명하기 전에, 우선 전제해야 할 것은 이 사고법을 사용할 **'타이밍'**입니다.

어떤 사고법이든 그걸 사용하는 데는 적절한 타이밍이 있습니다. 타이밍을 잘못 잡으면 사고법이 있어도 전혀 도움이 안 될 수도 있죠.

'실력 좋은 매는 발톱을 감춘다.'라는 속담은 재능이 있는 사람은 그걸 무작정 드러내지 않는다는 뜻입니다. 이를 더 깊이 살펴보자면 **실력 있는 매는 발톱을 꺼낼 때와 감출 '타이밍'을 안다**고도 해석할 수 있습니다.

아마 진정으로 강한 힘을 가진 매는 먹잇감도 아닌 식물 앞에서까지 발톱을 과시하거나 겁을 주지 않겠죠. 그런 짓을 해봤자 아무 소용도 없을 테니까요.

그럼 새로운 서비스나 신상품을 고려할 때, 구체와 추상 사고법을 쓸 타이밍을 설명해 보겠습니다.

잠시 예시를 하나 들어볼게요.

당신은 고등학생입니다. 학교 축제 때 반에서 행사를 열기로 했습니다. 다른 반을 깜짝 놀라게 해줄 만큼 참신한 행사를 기획하고 싶은 상황이에요.

어떤 행사를 선보일지 정할 때는 우선 여러 사람의 의견을 들어보고 조사하는 등으로 새로운 아이디어를 많이 찾아내려 하죠.

빙수 가게를 차릴까, 유령의 집을 만들까, 찻집이 좋을까. 이렇게 아이디어를 발산합니다. 바꿔 말하자면 이는 **아이디어의 수를 '벌어들이는'** 단계입니다.

설마 이 단계에서 '그럼 빙수 가게를 추상화하면……'이나 '유령의 집은 엔터테인먼트니까……' 같은 생각은 하지 않겠죠? 아이디어를 다 내고, **최종적으로 어떤 행사를 열지 정하는 단계에서 '추상화'라는 사고법을 사용해야 합니다.**

빙수 가게와 찻집은 '음식 판매', 유령의 집은 체험형 어트랙션이고 이걸 더 추상화하면 '엔터테인먼트'라고 할 수 있을 겁니다. 그리고 최종적으로 정해진 행사 테마는 '음식 판매와 엔터테인먼트의 결합'이라고 합시다.

이제 테마는 결정됐으니, 다음은 음식 판매와 엔터테인먼트를 결합한 무언가를 구체화하기 위해 **추상을 '구체화'**

**하는 단계로 넘어가야 할 것입니다.**

그리고 반에서는 '유령 분장을 하는 찻집을 열자.'라는 아이디어를 채택했습니다. 할 일이 정해졌으니 남은 건 음식 메뉴 구성, 가게 간판 만들기 등의 준비 단계에 들어가게 되죠.

그런데 안타깝게도 문화제가 열리는 당일, 손님이 전혀 오지 않았습니다. 만약 그 이유가 '유령 분장으로 접대하는 바람에 손님 기분이 나빠지니까.'라고 한다면, 추상화 단계에서 '도를 넘은 유령 분장=엔터테인먼트'라고 생각한 것 자체가 실수였음을 알 수 있습니다.

'유령 분장으로 접객하니 재미는 있으나, 파는 음식이 영 맛없어 보인다.'라는 이유라면, 구체화의 상세를 정하는 단계에서 실수나 누락된 부분이 있을지도 모릅니다.

**추상화 방법이 잘못됐다면, 이후 시행책과 대책을 아무리 열심히 구체화해도 좋은 결과로 이어지기는 어렵습니다.**

구체와 추상을 오가는 것은 요리와 비슷합니다.

추상화를 요리의 장르(중화요리, 일본 요리, 이탈리아 요리 등)로, 구체화를 요리 이름(상어 지느러미 수프, 가다랑어 타다키, 나폴리탄 등)이라고 가정해 봅시다.

예를 들어 중화요리를 골랐다고 해도 주위에 중화요리점이 없거나 중화요리를 만들 줄 아는 사람이 없으면 이 아이디어를 실현하는 것 자체가 어려울 겁니다. '그렇게 하고 싶다.'와 '그렇게 할 수 있다.'는 별개의 문제입니다. 아이디어를 끌어 모을 때 어떤 한 발상이 아무리 참신하고 다들 '재밌겠다.' '해보고 싶다.'라고 느껴도 '못 하면 할 수 없다.'라는 결말이 기다릴 뿐입니다.

그래서 발산해 낸 아이디어를 어느 정도 범위로 좁히는 단계에서는 **'할 수 있는가 여부(Feasibility)'**를 확인하는 시점이 필요해집니다.

비즈니스라면 인적 자원, 예산, 손익분기점 등 여러 항목을 확인하고 '할 수 있는가.' '승산은 있는가.'까지 깊이 고려한 다음 아이디어 범위를 좁혀야 합니다.

그렇게 하고 나서야 비로소 범위를 좁힌 아이디어의 세부사항을 구현하는 과정으로 접어들게 되죠.

당연하지만 구현할 때 역시 '문제'가 많습니다.

상어 지느러미를 입수할 수 없거나 코로나19 때문에 가게를 열 수 없거나 하는 등의 외부 환경에 의한 문제도 앞을 가로막을 수 있어요. 그때는 다시 한번 이야기를 되돌리는(추상 쪽으로) 식으로 구체와 추상을 오가는 과정을 반복하면 됩니다.

어떤 주제가 주어졌을 때 추상화를 하면 '지금 무엇을 생각해야 하는가.'라는 시점을 가질 수 있고, 관련자들도 논점에서 빗나가지 않고 일을 진행할 수 있습니다.

앞서 언급한 예로 보자면, 처음부터 중화요리 요리사도 없는데 상어 지느러미부터 사지는 말아야 하겠죠?

# 추상과 구체를 사용할 타이밍
## (예시: 아이디어 내기)

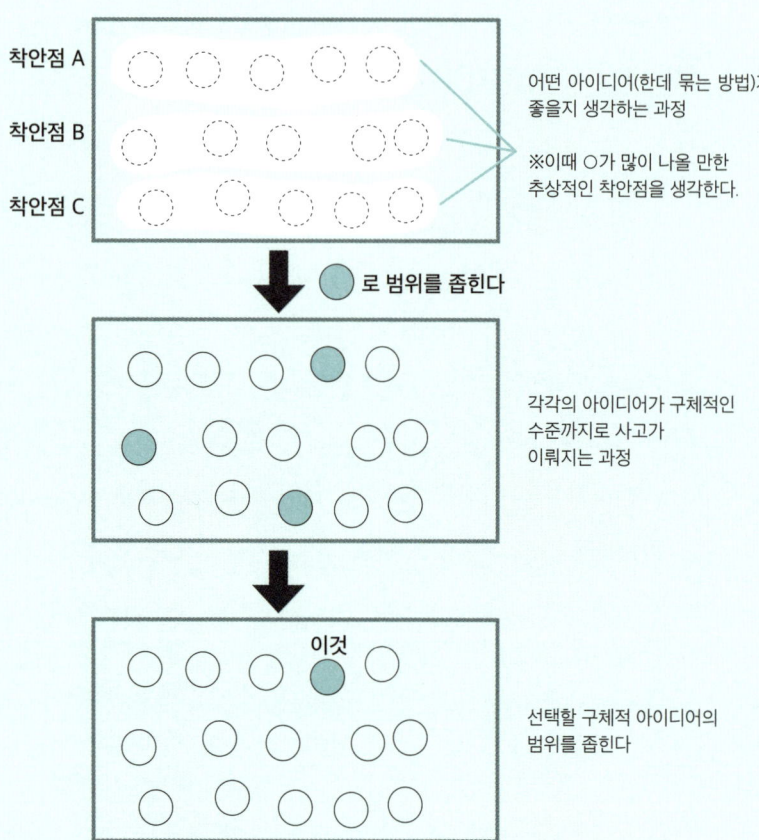

## '줄기에서 가지' 순서로 사고를 진행한다

바꿔 보자면, 회의 역시 마찬가지입니다.

의논하다 보면 이야기가 다른 방향으로 빠질 수 있어요. 이런 경우는 대개 추상화가 제대로 되지 않았을 때가 많습니다.

다르게 표현하자면 **추상은 나무의 '줄기'**입니다. **구체는 나무의 '가지와 잎'**이죠.

나무줄기를 단단하게 의식하고 가지와 잎을 돋아나게 해야 합니다. 그런데 자꾸만 가지와 잎을 만드는 데 의식이 쏠려서 줄기와는 전혀 상관 없는 논의로 옮겨갈 때가 있죠. 이를 주의해야 합니다.

아무리 새로운 아이디어라도 본제(줄기)와 어긋나면 쓸모가 없어요.

회의 중에 본론에서 벗어나 어느새 한 시간이나 지나버리는 바람에 '지금까지 무슨 이야기를 했더라?' 하는 상황에 빠지지 않기 위해서라도 '구체와 추상 오가기'가 필요합니다.

여기까지 읽으면서 '구체와 추상 사고법을 실제로 어떻게 해야 좋을지 모르겠다.'라고 느낄지도 모르니, 더 상세한 설명을 덧붙여 보겠습니다. 어쩌면 잘 모르겠다고 느끼는 이유는 **'구체'와 '추상'**을 이미지화를 하지 못했기 때문일 수 있으니까요.

'당근'을 추상화하면 '채소'죠. 이 정도는 누구나 할 수 있을 겁니다. 왜냐면 독자님은 당근이 채소라는 사실을 알기 때문이죠.

2+2=4라는 답을 낼 수 있는 것도 1+1=2를 알기 때문입니다. 구체와 추상도 이와 마찬가지입니다. 무엇이 구체이고 무엇이 추상인지, 어떻게 하는 것이 구체화고 어떻게 하는 것이 추상화인지, 그 본질을 이해하면 구체와 추상을 오가는 사고가 가능해집니다.

지금까지 여러 구체 사례를 소개한 것처럼 독자님의 주변에도 **구체와 추상으로 구성된 것**은 얼마든지 있습니다.

식당에서 라멘을 사 먹고 싶지만 돈을 아껴서 편의점 컵라면을 먹는 것도, 온천 여행을 가고 싶지만 꾹 참고 동네 대중탕에 가는 것도, 고향 집에 가고 싶은데 교통비 때문에 전화로만 연락하는 것도, 이 모든 것을 처리하는 동안 당신의 머릿속에서는 구체화와 추상화 작업이 이뤄집니다.

이 구조를 깨닫게 된다면 자연히 구체와 추상의 사고법을 익힐 수 있을 것입니다.

# '줄기' 의식하기

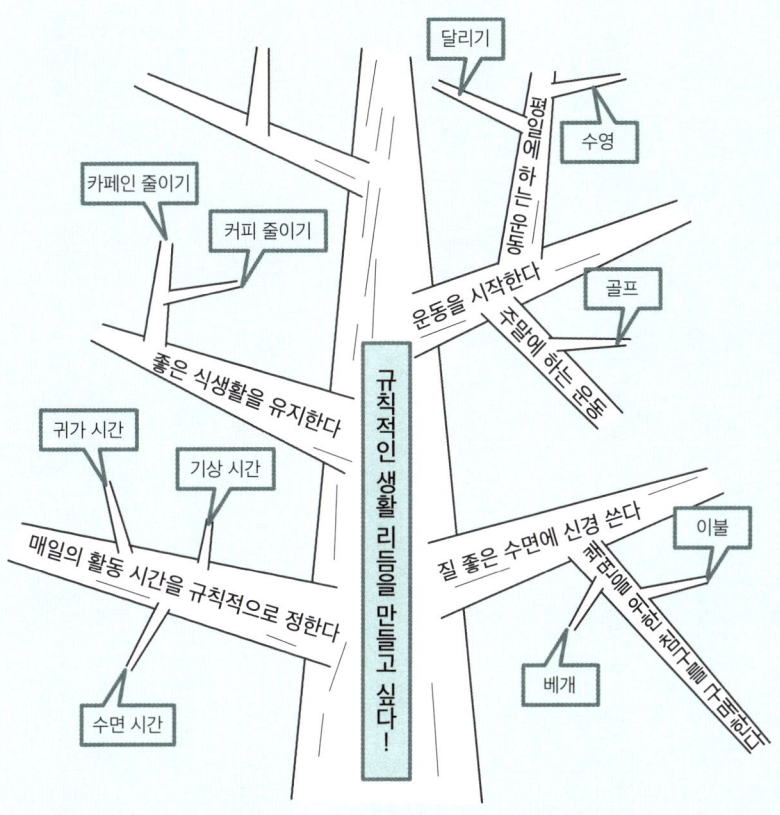

'줄기'에서 '가지' 순서로 논리적 사고를 진행하면,
군더더기가 없고 엇나가지 않는 가치를 제공할 수 있다.

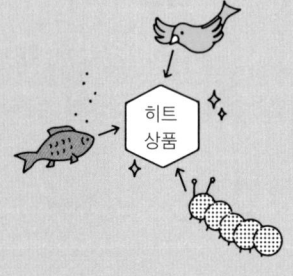

## 새의 눈, 곤충의 눈, 물고기의 눈

이 장에서는 여러 가지 시각에 관해 설명하겠습니다.
어떤 사물을 가까이에서 볼 때와 가까이서 볼 때는 보이는
범위 자체가 다릅니다. 보는 시각도 달라지고요. 똑같은 사물도
다른 흐름 속에서 보면 지금까지 보지 못했던 사실을
깨달을 수 있답니다.

다쓰야는 상사에게 '음료 제조회사인 A사의 레몬 사워가 잘 팔리는 이유를 조사해라.'라는 지시를 받았습니다. 그런데 다쓰야는 경쟁사도 아니고, 과자도 만들지 않는 음료 제조회사를 조사하는 이유를 이해하지 못했죠.
그리고 오늘도 마케팅 공부를 위해 아저씨가 있는 휴게실로 향했습니다.


"상사한테서 그런 조사 지시를 받았어요."

금요일 퇴근 후, 늘 만나던 장소에서 아저씨와 이야기를 나눴다.

"그럼 레몬 사워라도 실컷 마셔볼까?"

"제 얘기 들으셨어요?"

"당연히 들었지. 음료 제조회사 A의 레몬 사워 비밀을 찾아내라며."

"그런 여름방학 자유 연구 숙제처럼 가벼운 게 아니라고요. 대체 과자 회사가 왜 레몬 사워에 대해 알려고 하는 거죠? **무슨 관계가 있다고.**" 나는 두 팔로 쭉 기지개를 켜며 말했다. "어쨌든 일단 인터넷 상품 사이트부터 조사해 봐야겠어요."

조사의 첫 단계는 1차 정보 확보다. 남이 하는 말보다 공식 사이트에 올라온 정보가 더 정확할 것이다. 내가 어떻게 진행할지 소리 내서 중얼거리자, 아저씨가 "자네 눈은 몇 개지?"라고 물었다.

"두 개……인데요." 나는 그렇게 말하며 내 눈을 가리켰다.

"아니, 그게 아니라 마케터로서의 눈 개수 말이야."

"눈이요? 마케터도 저처럼 두 개겠죠?"

"그 '눈'이 아니라." 아저씨는 자기 눈을 가리키다가 머리를 살짝 흔들더니 말했다. "좋아, 오늘은 마케터로서, 아니 **사회인으로서 갖춰야 할 세 개의 눈**에 대해 가르쳐 주지. 이 아저씨가 한잔 살 테니까 괜찮은 주점에 가보자고. 공부도 열심히 하는 것 같으니까."

\*\*\*

"여기에요?"

나와 아저씨는 젊은이(나 스스로를 젊은이라고 해도 되는지는 알 수 없었지만)는 잘 들어가지 않을 듯한 분위기에, 작은 간판을 단 주점 앞에 도착했다.

"여기 닭꼬치 맛을 한 번 보면 다른 곳에서는 못 먹게 될걸?"

"그렇게나 맛있어요?"

"가격이 엄청 싸."

"아, 네."

아저씨는 가게의 보랏빛 포렴을 걷고 유리문을 열었다. 나는 그 뒤를 따랐다.

자리에 앉아 음료를 주문했다.

"나는 소주!" 아저씨의 주문은 역시 이미지대로였다.

"그럼 저는……." 마실 것을 주문하려고 메뉴판을 보니, 낯익은 상품 이름이 눈에 들어왔다. 내가 조사해야 하는 A사의 레몬 사워였다. 나는 레몬 사워를 주문했다.

그런 나에게 아저씨가 "오오, 좋은 선택을 했군."이라며 한마디 했다.

안주도 몇 가지 주문했다.

"모듬 닭꼬치로 하지. 자네는? 젊은 사람들은 더 멋들어진 걸 먹으려나? 난 아저씨라서 그런 거 잘 모르겠어."

"맡겨만 주세요. 요즘엔 연어 카르파초죠. 또 뭐 드실래요?"

나는 아저씨 쪽으로 메뉴판을 돌렸다. 아저씨는 메뉴판 페이지를 팔락팔락 넘기다가 슬며시 웃으며 이렇게 말했다.

"그럼 아저씨답게 메뚜기 튀김이나 추가하지."

"엄청난 걸 주문하시네요."

주문을 마치자, 먼저 음료가 차려졌다.

나는 레몬 사워를 마셔봤다. 음, 아주 평범한 레몬 사워 맛이다. 가격도 450엔이니 좀 싼 것 같다.

아저씨와 이런저런 잡담을 하다 보니 곧 안주가 나왔다.

테이블 위에는 닭꼬치와 카르파초, 메뚜기 튀김이 놓였다.

"자, 이제 배우들이 다 모였군."

"배우요?" 나는 중얼거리듯 반문했다. 이 아저씨가 또 뭘 시작하려고?

그런 의문을 가진 나는 내버려 둔 채 아저씨는 가볍게 헛기침을 한 후 이야기를 시작했다.

"비즈니스에는 세 개의 눈이 필요하네."

아저씨는 "첫 번째 눈은……."이라며 닭꼬치를 들더니 **"새의 눈!"** 이라고 말했다.

"자네 상사는 언뜻 보면 과자 제조회사와는 아무런 상관도 없을 것 같은 음료 제조회사의 레몬 사워에 주목했지."

구운 닭고기가 꽂힌 꼬치를 쥐고서 아저씨는 설명을 이어나갔다. 어쩐지 지휘자가 지휘봉을 흔드는 듯한 동작이었다.

"새는 날잖아? 우리 인간들보다 높디높은 위치에서 세상을 내려다보지. 그렇게 **자신이 있는 곳과는 다른 영역까지 볼 수 있는** 게 새의 눈이야. 연수받을 때 흔히 '너무 좁은 시야에 갇히진 않았나요?'라는 말을 듣잖아?"

나는 새로운 지식을 받아들이기 위해 고개를 끄덕일 수밖에 없었다. 아저씨는 닭꼬치를 먹으면서 말을 이었다.

"자기 회사만, 혹은 경쟁사만 볼 게 아니라, 예를 들어서 텔레비전 방송국은 텔레비전 업계만 조사할 게 아니라 인터넷 방송이나 스트리밍 서비스 등의 정보도 입수해야 해. 바로 그런 식으로, 상사는 자네에게 새의 눈을 갖도록 해준 게 아닐까?"

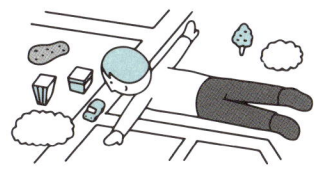

"대체 과자 회사가 왜 레몬 사워에 대해 알려고 하는 거죠? 무슨 관계가 있다고."

나는 내가 했던 말을 떠올렸다. 상사에게는 이유도 묻지 않고 그저 "알겠습니다."라고 대답한 주제에. 부끄러웠다.
"그리고 **곤충의 눈.**" 아저씨는 그렇게 말하며 젓가락으로 메뚜기 튀김을 집었다. 이게 바로 요즘 유행하는 곤충 식품인가.
그러고는 내가 마시는 레몬 사워를 가리키며 이야기했다.
"자네는 지금 레몬 사워가 팔리는 현장을 보고, 직접 이걸 마셨잖아? 곤충은 눈앞의 작은 마이크로 세상을 볼 수 있어. **자기 발로 가서 진열된 상품을 보고 조사하는 것이** 바로 곤충의 눈이야."
으윽. 상품 사이트만 조사하면 될 줄 알았던 30분 전의 나 자신이 또 부끄러웠다.
마치 내 머릿속을 들여다본 것 같은 아저씨는 "상품 웹사이트를 보는 것도 필요하지만, 다음 단계 역시 중요해."라고 말했다.
나는 "네." 하고 대답했다. 책만 봐서는 배울 수 없다는 뜻일까.

레몬 사워를 마시면서 주변에 눈길을 주었다.

"이걸로 주문했더니 벌써 나오네."

두 자리 옆 테이블에서 이런 소리가 들려왔다. 둘러보니 레몬 사워를 주문한 손님들이 많았다.

가게가 꽉 찼으니 점원들도 정신없이 바쁘겠네, 하는 생각에 주방 쪽도 살폈다. 대개 이런 주점에서는 레몬 사워를 소주, 탄산수, 시럽을 사람이 일일이 섞어서 만드는데, 여긴 전용 기계까지 있었다. 점원도 작업하기 편해 보였다.

"어때? A사의 레몬 사워가 팔리는 이유를 좀 알 것 같지?" 아저씨는 닭꼬치를 먹으면서 말했다.

"주점 손님들은 음료의 맛뿐만이 아니라 제공되는 속도도 원하는 거네요……."

"바로 그거야. **현장에 가지 않으면 알 수 없는 것도** 참 많지?"

주점에 와서까지 마케팅 공부를 하게 될 줄이야…….

여섯 개 있던 닭꼬치가 어느새 두 개 남았다. 그중 네 개는 아저씨가 먹었다. 그 옆에 있던 메뚜기 튀김은 별로 줄어들지 않았다.

"닭꼬치만 드시지 말고 메뚜기도 좀 드세요. 아저씨가 주문했잖아요."

"자네야말로 닭꼬치 좀 먹어."

내가 닭꼬치를 바라보면서 "새의 눈만 가지고 있다가는 뭐든 탁상공론이 될 수 있으니 조심해야겠지."라고 중얼거리자, 아저씨가 이런 말을 했다.

"곤충의 눈도 마찬가지야. **두 가지 눈 모두 탁상공론으로 빠지기 쉽지.**"

음? 그게 말이 되나? 따지고 보자면 현장에서 멀리 떨어진 시점이 탁상공론으로 끝날 가능성이 더 큰 것 같은데. 나는 아저씨한테 그 이유를 물어봤다.

"왜 둘 다 탁상공론이 되기 쉽냐고? 등산을 한번 생각해 봐. 저 멀리서 산을 보면 저 산을 오르는 건 별로 힘들지 않을 거라고 생각할 수도 있지. 멀리서 보면 산의 경치도 즐길 수 있어. **등산이 얼마나 힘들지 모르고, 산에 있는 동물이나 자라는 식물, 자세한 길도 몰라.** 한편 실제로 산을 오르는 사람은 등산의 어려움을 잘 알지. 산의 동식물이나 세부적인 길까지 직접 확인할 수 있어. 그렇지만 **지금 내가 있는 위치를 멀리서 살필 수 있는 게 아니니까 산 전체의 경치는 살펴

**볼 수 없지.** 이와 마찬가지로 식사도, 마케팅도 균형 있게 해야 한다는 뜻이야."

아하, 그렇구나. 마이크로와 매크로 시점, 두 가지를 동시에 가지는 건 어려운 일이구나. 제대로 의식하지 않으면 또 잊을 것 같다. 나는 그렇게 생각하며 닭꼬치를 먹었다.

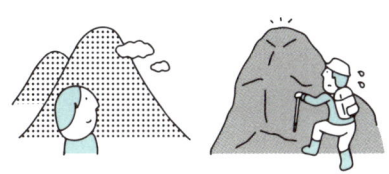

그리고 나서 한 시간이 지났다.

"저기요, 여기 소주 추가요." 어느새 테이블 위에는 텅 빈 소주잔이 세 개나 됐다.

"어이쿠, 이걸 잊으면 안 되지. **물고기의 눈.**"

아저씨가 젓가락으로 연어 카르파초를 집었다. 그리고 간장과 와사비를 듬뿍 묻혀 먹었다.

"그러다가 혈압 올라가요. 그거 이미 간이 다 된 건데." 나도 모르게 이런 충고를 하고 말았다.

"괜찮아. 이거 봐." 아저씨는 근처에 있던 간장을 가리

컸다.

간장 패키지에 '저염'이라는 글자가 크게 적혀 있었다. 아저씨의 간장 사용량을 보면 저염이 의미가 있나 싶었지만, 일단 그 문제는 접어두기로 했다.

"물고기의 눈 이야기를 마저 하자면 말이야. 내가 젊었을 때는 이런 '저염 간장' 같은 건 없었단 말이지. 근데 요즘은 건강을 고려한 식품을 많이 판매해. 이것도 헬스 케어 시장의 성장이나 사람들이 건강에 대해 가지는 인식 변화 등 **시대의 흐름을 보고 느끼는 '물고기의 눈'**이 사용되기 때문인 거지."

아저씨는 말을 계속 이었다.

"물고기는 몸으로 물의 흐름을 느끼잖아? 그렇게 시대의 흐름을 몸으로 느끼면서 어떤 변화가 일어나는가? 이 변화에 대응하려면 어떤 행동을 해야 하는가? 등을 생각해야 해. 자네가 조사 중인 A사는 물고기의 눈으로 어떤 시대의 흐름을 봤을까?"

"음식점의 일손 부족 아닐까요?" 내가 대답했다. 신문이나 뉴스에서도 자주 거론되는 문제다.

"정답이야! 자네도 시대의 흐름을 제대로 볼 줄 아는군.

이제 내가 알려준 세 개의 눈으로 사물을 볼 수 있을 것 같나?"

"당장은 어려울 것 같지만 최대한 의식해 보려고요."

나는 지금까지 '어떻게 하면 좋은 물건을 만들 수 있을까?'라는 시점만 중시했는데, 그게 아니라 **어떻게 하면 '고객'이 '좋다'라고 느끼는 상품을 만들 수 있을까? 라는 시점에서 생각**하려면 세 가지 눈이 필수인 것 같았다.

**"내가 팔고 싶은 게 아니라 고객이 원하는 것을 팔아야 하는 거네요."**

너무나 당연해서 잊고 살았다. 지금까지 나한테는 이런 기획부, 아니 사회인으로서 필요한 시점이 없었던 것 같다. 나는 상사를 만나면 감사 인사를 하기로 마음먹었다.

오늘 주점에서 배운 세 가지 눈은 말 그대로 나의 피와 살이 될 것이다.

나도 언젠가는 대히트 상품을 만드는 기획 담당자가 될 수 있을까? 너무 말을 많이 한 탓에 갈증이 난 목 안으로 레몬 사워를 흘려보냈다.

**STUDY**

### 당신에게 약점이란 무엇인가?

여러분은 이런 말을 들어본 적이 있나요?

'상대방의 입장에서 생각해 봐라.'
'손님의 입장이 돼봐라.'
'당신이 만든 자료는 읽는 사람을 고려해서 제작했는가?'
'주변을 좀 더 살펴라.'

이런 말을 들었을 때 당신은 어떻게 하면 **상대방의 입장이 될 수 있을지** 고민했을 겁니다. 그러나 고민해서 상대방의 입장이 될 수 있다면 아마 세상에 문젯거리는 생기지도 않겠죠.

좋은 아이디어에는 생각하는 '틀'이 있습니다. 생각하려면 지금 내가 가진 정보만이 아니라 새롭고 유력한 정보를 입수해야 합니다.

유력한 정보를 입수하려면 세 가지 눈, 다시 말해서 '시점'이 필요하죠.

그 세 가지 시점이란

**새의 눈**

**곤충의 눈**

**물고기의 눈**

입니다.

새의 눈이라는 건 사물을 멀리서, 즉 위에서 전체를 내려다볼 수 있습니다. **가까이에서는 보이지 않는 매크로 세계를 살필 수 있죠.**

우리는 길을 잃었을 때 지도를 보고 현재 위치나 목적지를 확인합니다. 지도는 우리의 위치를 위에서 내려다본 것입니다. 새의 눈도 이와 마찬가지라 할 수 있어요.

곤충의 눈은 사물을 가까이에서 볼 수 있습니다. **마이크로 세계를 집중적으로 볼 수 있어요.** 곤충들의 눈에는 우리가 보지 못하는 세부적인 곳까지 보입니다.

물고기의 눈으로는 **흐름을 읽고 앞을 내다볼 수 있습니다.** 물고기는 물의 흐름을 살피면서 헤엄치죠. 물의 흐름을 거

슬러 헤엄치면 지칠 뿐입니다. 지치지 않기 위해서는 물의 흐름을 느끼고 흐름을 따라야 합니다. 시대의 흐름, 다시 말해 트렌드를 보는 눈을 의미합니다.

예를 들어 휴대전화가 보급된 덕분에 누구나 쉽게 연락할 수 있는 시대에 친구와 편지를 주고받는 사람은 적겠죠? 그런 시대에 편지 교환 서비스를 제공해도 큰 성공을 거두기는 어려울 겁니다.

# 비즈니스에 필요한 세 가지 시점

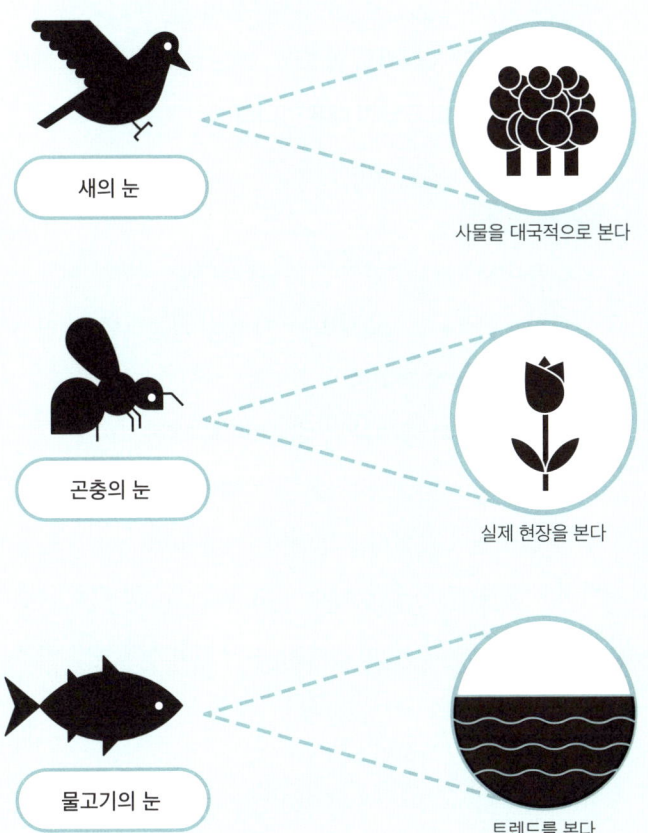

## 시야가 높은 사람과 낮은 사람은 무엇이 다른가?

세 가지 눈은 모두 균형 있게 사용해야 합니다.
**어느 한 가지만 지나쳐도 안 되고, 어느 하나가 빠져도 제대로 된 시각이 성립되지 않기 때문입니다.**

### 사례 분석

예를 들어서 당신이 영업부 직원이고 어느 날 부장이 자사 웹사이트를 다시 살펴보라는 지시를 내렸다면, 당신은 이를 어떻게 수행할 건가요?

각각의 시점에서 살펴보고 아이디어를 내봅시다.

우선 새의 눈으로 봤다고 합시다.

이 지시를 듣고 당신은 기회가 왔음을 직감합니다. 마침 영업 담당자밖에 알 수 없는 **신규 고객 확보 시행책**이 필요하다고 느꼈기 때문입니다. 웹사이트를 다시 살펴보면 가능할 것 같다고 생각하던 터였습니다.

같은 업종의 타 기업이 웹사이트를 통한 고객 유입책에 힘을 쏟는 사례도 많이 조사했습니다. 유명 대학의 연구 논문이나 비즈니스 사이트의 기사 등에서도 정보를 모았습니다. 그 자료들로 사람은 시각을 통한 정보를 중시한다고 해석한 당신은 알기 쉬운 것보다 세련된 디자인에 중점을 뒀습니다.

유명한 기업들 대부분이 다른 곳에서는 찾아볼 수 없는 세련된 디자인을 채택했기에, 이를 따르면 자사 웹사이트 유입 수도 늘어날 것이라고 생각한 것이죠.

여러 사례를 모아보려고, 우리 회사와 관련 없는 다른 업종 사이트까지 샅샅이 알아봤습니다.

다음은 곤충의 눈으로 봤다고 합시다.

곤충의 눈으로 볼 때 가장 먼저 생각할 것은, 영업 담당인 당신이 웹사이트에 관한 아이디어를 내서 무슨 장점이 있느냐?라는 점입니다.

영업은 상품을 파는 것이 주된 업무입니다. 그런데 왜 판매와는 별 상관도 없는 웹사이트 쪽을 알아야 하지? 하는 의문이 들겠죠.

그럴 시간이 있다면 한 곳이라도 더 많은 계약을 따는 편이 낫다고 생각할지도 모릅니다. 그러니 웹사이트를 봐도 아무런 의미도 없고, 시간 낭비가 아닐까 싶겠죠.

그러나 부장의 지시가 내려진 이상, 업무 수행은 해야 합니다(여러분도 이런 일이 있지 않나요?).

당신은 마지못해 상품 설명 부분을 살피는 중에, 고객과

나눈 대화가 머릿속에 떠올랐습니다. 계약 성사 직전 단계에서 고객에게 요금 설정 이유가 전해지지 않아, 몇 번이나 설명을 요구받은 적이 있었기 때문입니다.

그래서 당신은 회사 웹사이트에 **고객이 자주 질문하던 부분을 꼼꼼히 설명한** 요금 설정 이유 부분을 넣어 알아보기 쉽게 했습니다. 이렇게 하면 고객의 이해도 빠르고, 영업 담당자도 몇 번이나 설명하지 않아도 되니 서로 윈윈(Win-win)하는 관계가 될 수 있겠죠.

왜 내가 웹사이트에 대한 아이디어를 내야 하는가 하는 의문이야 여전히 남았지만, 그래도 당신은 괜찮은 제안을 한 것 같아 뿌듯합니다.

다음은 물고기의 눈으로 봤다고 합시다.

당신이 보기에 웹사이트 재검토는 기업 아이덴티티 쇄신 등을 포함해서 많은 기업이 행하는 일이며, 인터넷을 통한 의사소통이 주류인 현대 사회와 잘 맞는 시행책입니다.

요즘 가장 유행하는 SNS는 틱톡이라 직원 인터뷰나 회사에서 벌어진 일상적인 일 등을 틱톡으로 올리자는 아이디어를 냈습니다.

시대의 흐름을 잘 타면, **회사 웹사이트의 인기도 분명 높아질 것**이라고 확신했기 때문입니다.

## '보이지 않는 것'을 찾아내자

어떤가요? 각각의 시점에는 제각각의 보는 방식이 있습니다. 사실 앞서 제시한 아이디어는 좋다고 보기는 어렵습니다.

어린이와 어른은 각자 눈앞의 경치가 보이는 방식이 다릅니다. 산 정상과 산기슭에서 보이는 경치도 다르죠. 이제 다시 한번 세 가지 시점으로 이 웹사이트 아이디어에서 개선할 점을 검증해 봅시다.

### 새의 눈으로 검증

(전부는 아니더라도) 지시의 의도를 파악하고, 시야를 넓게 확보함으로써 목적을 유지할 수 있습니다. 또한 자기 회사와 직접 관련이 없는 업계에 대해서도 깊게 알아봄으로써 다양한 아이디어를 얻을 수 있죠.

그러나 원래부터 고객층이 인터넷 사용을 버거워하는 사람들이라면 어떨까요? 웹사이트 제작에서 중요한 건 뛰어난 디자인보다도 가독성과 편의성 아닐까요?

바꿔 말하자면, 보기에는 멋있어도 알아보기 힘든 웹사이트보다 디자인은 다소 촌스러워도 단순하면서 알아보기 쉬운 웹사이트를 봤을 때 고객이 더 기뻐할 수 있다는 뜻입니다.

　새의 눈으로만 보면 **현장의 시점으로 보지 못해서 고객이 원하는 것과는 다른 상품이나 서비스를 제공하게 될 위험이 있습니다.**

　이상만 좇지 말고 현실을 봐야 합니다.

> **곤충의 눈으로 검증**

　현장 시점의 시각을 가지므로 고객이 원하는 것을 아이디어에 반영하기 쉽습니다. 하지만 자칫하면 대전제가 되는 웹사이트 제작 목적을 이해하지 못하고 일단 상부의 지시만 따르게 됩니다.

　그럼 여기서 질문입니다. 웹사이트를 보는 건 어떤 고객들일까요?

　계약 직전 단계인 고객이 이제 와서 웹사이트를 방문할 가능성은 그리 크지 않겠죠. 상품이나 서비스에 관심이 생겼거나, 이름 정도만 아는 사람들이 대부분일 겁니다. 그런 사람들에게 제대로 된 상품이나 서비스 설명도 없이 무작정 요금 이야기를 꺼내면 고객은 당황스럽기만 할 거예요. 결국 웹사이트 이탈률만 높아질지도 모르죠. 즉 **현장 시점에서 사물을 볼 수는 있어도, 웹사이트의 존재 목적을 이해하지 못하면 아무런 의미가 없다**는 뜻입니다.

### 물고기의 눈으로 검증

시대의 흐름을 볼 수 있어서 그 과정에 적합한 접근법을 제안할 수 있습니다. 그러나 **아무리 그 접근법이 시류에 맞더라도, 자사 고객이나 경영 방침에 맞지 않으면 효과는커녕 장기적 시점으로 보자면 브랜드 면에서 역효과만 생길 뿐**입니다.

기업이 갑자기 자사 사업과 상관없는 정보를 거론하기 시작하면 화제성과 친근함에서는 우위에 설 수 있을지 모르지만, 회사의 사회적 신용을 잃을 수 있죠. 단순히 인기가 많다는 이유로 유행하는 아이디어를 안일하게 도입해서는 안 됩니다.

새의 눈, 곤충의 눈, 물고기의 눈을 가지는 것도 중요하지만 그 무엇보다 '고객의 눈높이'를 잊어서는 안 됩니다.

# 시점·시야·시좌의 균형이 중요하다

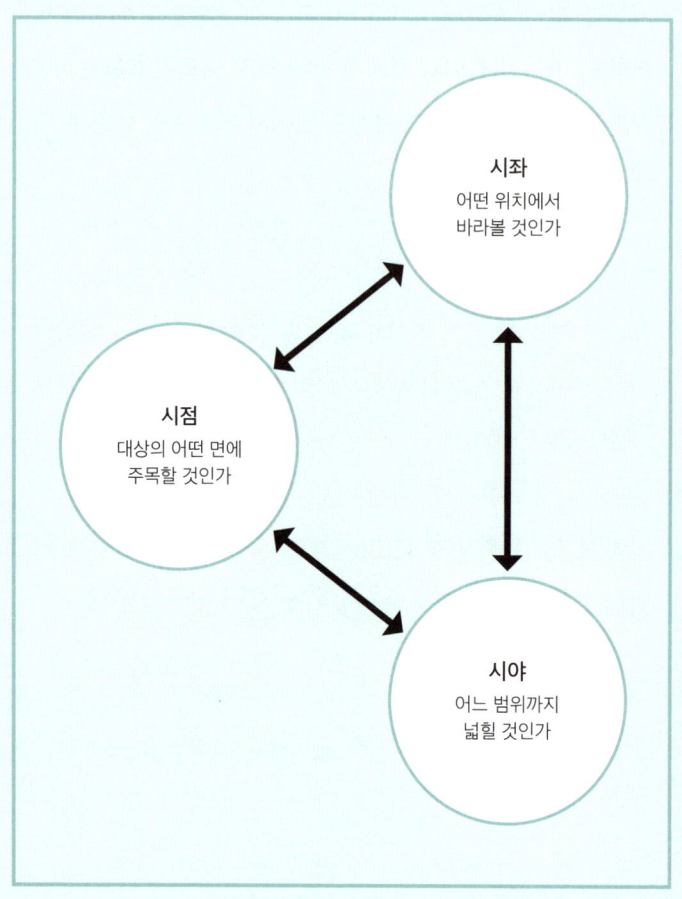

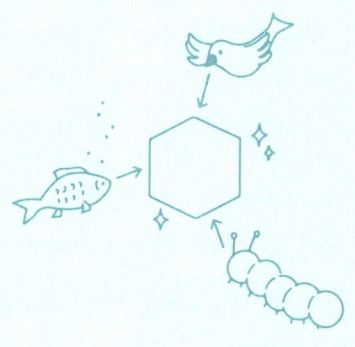

## 의심하라, 원인과 대책은 별개다

이번 챕터에서는 대상과 결과에 대한 이유를 찾는 데 필요한 규칙,
쉽게 저지를 수 있는 실수를 폭넓게 설명하겠습니다.
눈앞의 문제나 발생한 사건에 관해 '왜?'라는 질문을 해보신 적
있을 겁니다. 그런데 마치 의문을 가지고 깊게 파고드는 것처럼
보여도, 사실은 말을 이래저래 바꾸기만 할 뿐이었던 적은 없나요?
그런 사태에 빠지기 쉬운 이유와
적절한 '왜' 질문법을 소개하겠습니다.

> 다른 업체의 레몬 사워 조사로 세 가지 관점에 대해 배운 다쓰야. 다음으로 주어진 업무는 과거에 팔리지 않았던 자사 상품 조사였습니다.
> 매일 조사만 하는 나날. 이제 좀 직접 만든 기획서나 자사 상품 포트폴리오 분석 등 하고 싶은 작업이 많은데…….

평소처럼 퇴근 후에 휴게실로 갔다. 오늘도 일을 마치고 청소부 아저씨와 대화를, 아니 마케팅 수업이 있기 때문이다.

"조사 지시를 받으니까 꼭 형사가 된 것 같지?"

그곳에는 팥빵과 우유를 든 아저씨가 있었다.

"오늘은 판매가 종료된 자사 상품 조사를 지시받았어요. 아저씨, 우리 회사 상품 중에서 인기는 없는데 개인적으로는 아주 맛있던 게 있었나요?"

"초콜릿 전병 맛있었지."

"그거 오늘 조사 대상 상품인데!" 어떻게 이런 우연이 다 있을까. 그래, 이런 우연은 활용 좀 해야지.

"정말 그 전병이 인기가 없었어?" 아저씨가 물었다.

"없으니까 판매 중지가 된 거잖아요. 이번 조사는 서둘러

끝내고 싶으니까, 조사 보고서 서두에는 '모 대학의 연구 결과에 의하면 인간은 상식을 뒤엎는 것을 달가워하지 않는다는 결과가 있으며, 초콜릿 전병이라는 이색적인 조합이 소비자의 입맛에 맞지 않았다.'라는 식의 내용을 써서 정리하려고 해요."

**결국 유명한 곳에서 나온 데이터는 못 이긴다.** 납득할 만한 보고서의 첫 문장으로는 제격일 것이다.

"자네, 생각이 영 물러 터졌어. 이 팥빵보다 물러서 아주 달아빠졌어. 아주 충치가 생길 지경이야."

달아빠진 팥빵을 좋아하는 아저씨한테 그런 말을 듣고 싶지는 않다. 나는 편의점에서 사 온 커피 우유를 마셨다.

"자네는 **'진정한 왜?'를 얼마나 이해하고 있지?**"

"진정한 왜요?" 나는 되물었다.

**'모든 일에는 반드시 원인이 있어.'**라던 아저씨의 말이 떠올랐다.

여기서 '왜'라는 건 예를 들어, 비 오는 날에 우산을 쓰는 건 비에 젖지 않기 위해서라는 이유 같은 거겠지? 그럼 당연한 거 아닐까.

"초콜릿 전병은 왜 판매 중지가 됐을까? 그 이유를 말할 수 있어?" 아저씨가 물었다.

"안 팔려서 아닐까요?" 맞잖아. 이유는 아주 단순하다. 나는 그렇게 생각하며 대답했다.

"왜?"

"인기가 없었으니까요." 이걸로 끝인데 뭐가 또 있나? 아무리 다른 이유를 찾아보려 해도 너무나 개별적인 사례여서 도움이 안 될 것 같은 기분이 들었다.

"안 팔린 이유는 인기가 없어서만이 아니잖아."

아까 '형사가 된 기분'이라는 말을 듣긴 했지만, 솔직히 이 상황에서 형사 같은 건 아저씨 아닌가?

"인기가 없으니까 판매가 중지됐다고 단정 짓는 건 마치 '여름이 됐으면 레몬 사워가 잘 팔린다. 그러니까 레몬 사워가 팔리면 여름이다.'라고 주장하는 것과 마찬가지야."

"아니, 이야기가 너무 비약적이지 않나요? 근데 또 레몬 사워가 팔리면 여름이라고 하는 건 바꿔 말하자면 레몬 사워가 팔리는 계절은 여름이라는 뜻이기도 하니까, 그다지 틀린 말도 아닌 것 같은데." 나도 모르게 아저씨한테 대꾸했다.

그러자 아저씨는 "그건 '레몬 사워가 팔리는 계절은 여름

일 때가 많다, 여름일 가능성이 높다.'라는 뜻이지. '레몬 사워가 팔리면 여름이다.'와는 전혀 달라."라고 말했다.

아하, 단정 짓느냐 마느냐의 문제구나. 나는 말에 함축된 의미 파악과 말 그 자체의 의미 파악을 잘하지 못하는 것 같다. 말이라는 건 참 어렵다.

그렇지만 아직 완전히 이해한 건 아니다. 나는 아저씨의 이야기를 계속 듣기로 했다.

"판매 중지가 된 데는 몇 가지 이유가 있어. 소비자의 니즈, 광고 노출, 상품 진열법 등 여러 원인이 겹쳐서 초콜릿 전병은 팔리지 않았던 거지."

**이유 속에 담긴 더 세분화된 이유를 고려하라**는 뜻이구나.

"내가 고래 회충에 시달린 적이 있었는데, 하도 배가 아파서 병원에 갔어. 알아봤더니 저녁으로 먹었던 회가 원인이었지. 그럼 여기서 퀴즈. 내 배를 아프게 한 원인은?"

"고래 회충이 위장에 들어갔으니까요."

"왜?"

"회를 먹어서요."

"회를 먹은 것만이 원인은 아니지. 여러 가지가 복합적으로 문제를 일으킨 거야."

문제 해결을 위한 '다섯 번의 왜'라는 말은 들어본 적은 있지만, 이를 정말 실천하는 사람은 과연 몇이나 될까. 생선을 먹은 것 자체가 잘못이었나? 아니, 그런 식으로 따지면 생선을 먹으면 고래 회충으로 인해 배탈이 난다는 이상한 인과 관계가 성립되고 말잖아. 생각하면 할수록 '진정한 왜'를 알 수 없었다.

나는 침묵을 견디지 못하고 이렇게 입을 열었다.

"애당초 아저씨가 배탈이 난 건 날생선 섭취 때문이잖아요……. 그럼 생선을 날것으로 먹지 않으면 되지 않나요?"

"오오, 좋은 지적이야. 사람들은 대개 **'Why'와 'How'를 착각하기 쉽지.** 배탈이 난 것의 'Why' 중 하나는 '날생선을 먹었으니까.'겠지. 이건 맞아. 그렇지만 지금 '날생선을 먹지 않아야 한다.'는 'Why'가 아니라 'How'에 해당하지. **원인과 대책은 별개야.**"

그렇게 말한 아저씨는 자리에서 일어나 내 쪽을 보며 물었다.

"르네 데카르트를 알아?"

아니, 이번에는 또 무슨 이야기를…….

"'나는 생각한다, 고로 나는 존재한다.'라는 말을 한 사람이잖아요." 고등학교 세계사 시간에 배웠다.

"그 사람은 끊임없이 '왜'를 반복해서 연역법을 제창한 인물이야. 그리고 이와 대조적인 사고법을 만든 이가 프란시스 베이컨이지. 지금 벌어진 일에서 경험을 기초로 '왜'라는 접근을 이룬 귀납법 제창자야. 아마 자네 부서에서도 연역법은 몰라도 귀납법으로 보이는 일은 많지 않나? 이 두 인물에 대해 알아보면, '진정한 왜'에 관한 질문법이 조금은 보이게 될 거야."

내가 반응이 없자 아저씨가 말했다.

"우선 원인을 알아보기 위해 초콜릿 전병의 소비자 설문조사를 살펴보는 건 어때?"

"설문조사……. 그런 일반적인 방법으로 될까요? '당연한 거 아니야?' 하는 답만 나올 것 같은데요."

내 말이 끝나자마자, 휴게실 밖 복도에서 이런 대화가 들려왔다.

"영업부의 야마다 부장님 말이야, 항상 이치에 딱딱 맞는 말만 말하지 않냐? 그게 쉽게 되면 나도 하겠다. 정론이야 그럴지 몰라도 대개는 어려우니 제발 상식적으로 생각해달라고 따지고 싶다니까. 그런 일 은근 많지 않아?"

"맞아!"

그렇게 뒷담화로 이야기꽃이 피는 와중에 갑자기 그 야마다 부장님의 목소리가 들려왔다.

"오오, 자네들, 뭐가 그렇게 재밌어? 그럼 자네들 상식이 뭔지 가르쳐주겠나?"

"부장님……."

저거 한바탕 난리 좀 나겠는데? "근데 이해는 가." 나는 불쑥 말했다.

"뭐가?" 아저씨가 물었다.

"기획부는 상품 조사나 분석 업무를 할 일이 많아서 딱 저런 소리를 듣거든요. '그건 상식적이지 않잖아', '맨날 정론만 말하는데, 세상이 그렇게 이치에 맞게 돌아갈 것 같아' 하는 말이요."

나는 커피 우유와 같이 산 크로켓을 먹기 시작했다.

"자네는 크로켓에 소스 안 뿌리나?"

"네?"

"이렇게 상식이 없어서야." 아저씨가 말하고선 나를 흘끔거렸다. "……이러니까 짜증이 확 나지?"

"네, 그런 건 아저씨한테나 상식인데 왜 남한테 강요하는 건가, 하는 기분이 드니까요." 나는 다시 크로켓을 갉아먹었다. 편의점에서 사 온 크로켓은 포장지 속 수증기 때문에 흐물거렸다.

"일단 내 말을 들어봐. 상식은 영어로 'Common sense'라고 해. 뜻을 풀이하자며 '공통 인식'이지. **공통적 인식이라는 의미만 있지, 올바르다는 뜻은 포함하지 않아.**"

상식이라는 말을 깊게 생각해 본 적이 없었던 나는 아저씨의 설명에 빠져들었다.

"갈릴레오는 이치에 맞는 정론을 주장했음에도 사회악 취급을 받았지. 그 이유는 뭘까?"

"많은 사람의 의견과 반대되는 주장을 말했으니까요."

아저씨는 고개를 끄덕였다.

"상식은 주관의 집합체여서 숫자상으로 많은 것뿐인데, 발언의 출처가 권위성까지 갖추면 사람들은 거기에 몰려들

게 돼. 그렇지만 **올바름을 이기는 주장은 없지.**"

아저씨가 잠시 뜸을 들이다가 말했다.

"거기 아저씨도."

"아저씨요?" 내가 되물었다. 휴게실 문에서 그림자가 보였다.

"앗, 야마다 부장님!"

"이봐, 그쪽도 끝까지 정론을 밀고 나가시게."

아저씨의 말에 야마다 부장님은 기쁜 얼굴로 감사 인사를 하더니, 음료수를 뽑아 들고 휴게실 밖으로 나갔다.

나는 휙 고개를 돌려 청소부 아저씨를 쳐다봤다. "아저씨, 어쩐지 멋있어요!"

"그럼 하나 더." 아저씨는 헛기침하며 말을 이었다. 나는 머릿속 한구석으로 칭찬받으면 솔직히 받아들이자며 마음먹었다.

"**성공 체험은 쓰레기통에 버려.** 이건 폼 잡느라 하는 소리가 아니라, 시류에 맞추라는 뜻으로 하는 말이야."

"오늘날 우리 생활에 선사시대의 토기는 아무 쓸모도 없어. 우리가 지금 쓰는 휴대전화도 20년 후에는 하나도 도움이 안 될지도 모르지. 내가 하고 싶은 말은 사회는 늘 변한다는 거야. 지금과는 상황이 달라지는 거지. 이건 성공의 전제가 변한다는 뜻이기도 해. 아니, 대체로 다 변하지. 성공체험이라도 쓸 만한 것과 쓸모없는 것을 정론에 따라 확실히 구분할 줄 알아야 한다 이거야."

그래, 예를 들어서 초등학생 때 썼던 리코더. 어렸을 때 친구 사귀기에는 좋은 도구였지만 다 큰 지금에 와서야 도움 될 일이 없겠지. 정론에 따르면 이제 쓸모없어진 건가. 아닌가? 어쩌면 리코더랑 비슷한 다른 악기는 사회인으로서도 쓸 만한 부분이 있을지도 모르는 걸까. 그럼 그 정론이라는 건 어떻게 판단해야 좋지?

"뭐가 정론인지 어떻게 아나요? 책을 봐야 하나요? 그럼 전문가의 의견에만 귀를 기울이게 될 것 같은데요." 내가 말했다.

"몰라. 사실 이 세상 정보의 90퍼센트는 거짓말이니까."

"네?" 나는 순간 혼란스러웠다. 이제 와서 또 모르겠다니? 결국 이치에 맞는 정론을 찾아내려면 센스나 재능……

이런 게 필요한 걸까?

"이렇게 말하는 내 말도 거짓말일지도 몰라."

"그렇게 다 의심하면 노이로제 걸릴 것 같아요."

"의심이라기보다는 **내가 믿겠다고 정한 것을 믿는다**고 하는 편이 더 맞겠지. 데카르트처럼 그렇게 나 스스로가 정론인지 확인하고, 정말로 믿을 만한 것을 찾아내는 수밖에 없어. 자네가 평소에 책 읽고, 뉴스 보고 하는 행동도 도움이 되겠지."

아저씨는 말을 더 이어나갔다.

"내가 정한 걸 믿는다니, 물론 처음에는 막연하고 불안하겠지. 하지만 모르는 것을 남에게 묻거나 알아보는 사이에 서서히 이해하게 될 거야."

아저씨의 말에 나는 묘하게 감동받았다. 지금까지 내가 해온 행동이 보상받는 느낌이었다. 퇴근 후에도 여러 가지로 노력하면서도 스스로를 믿지 못하고, 노력해 봤자 성과도 못 내니 소용없는 짓이라고 생각했다. 괜한 짓이라고 폄하했던 나의 행동이 조금이라도 의미 있는 것으로 평가받았다는 사실에, 작게 감사 인사를 하고 말았다.

"근데 내가 뭘 제대로 알겠나? 나 같은 청소부 아저씨가."

"감사합니다. 아저씨 말대로 고객 설문조사부터 잘 살펴볼게요."

내 상식이나 감상보다 정론을 따라 행동하는 것이 옳다고 느껴졌기 때문이다.

**STUDY**

## '진정한 Why'를 얼마나 이해하는가?

이전에 제가 근무했던 토요타의 '왜를 다섯 번 반복한다.'라는 업무 방식이 이제는 세상에 널리 알려진 것 같습니다.

다만 저는 토요타의 '왜를 다섯 번 반복한다.'를 말 그대로 받아들이면 된다고 생각한 적은 없었습니다. 오히려 나름대로 진의를 좇아가야만 '진정한 왜'를 반복할 수 있으리라 생각했어요.

그럼 어째서 '왜'를 반복해야 할까요?

우선 '왜'를 반복함으로써 **사물의 근본적 원인을 발견할 수 있습니다.** 문제의 근본인 참된 원인을 알아내기 위해 '왜'를 반복하는 것이죠.

예를 들어 당신에게 '좀처럼 저금하기 어렵다.'라는 고민이 있다고 합시다.

당신은 '분명 집세가 비싸서.'라고 단정 짓고, 값싼 아파트로 이사합니다. 하지만 사실은 '월급이 적어서 저금하기 힘들다.'가 근본적 원인이었다면 아무리 집세를 절약해도 문제를 뿌리 뽑을 해결책을 얻을 수는 없습니다.

해결을 위해 행동을 시작했는데, 애당초 그 근본 원인을 잘못 파악했다면 아무리 좋은 대책을 세워도 아무런 소용이 없습니다.

따라서 문제 발생의 근본적 원인을 알아내기 위해 '왜를 반복하여 근본적 원인 밝히기'는 문제 해결의 필수 요소라고 볼 수 있습니다.

지금부터 '왜를 반복하는' 작업을 하는 데 주의해야 할 포인트 네 가지를 소개하겠습니다.

## Why가 먼저, How는 그다음

첫 번째 포인트는 **지금 내가 어떤 사고 과정에 있는지, 즉 무엇을 생각해야 하는지 이해하는 것**입니다.

'왜'를 반복하면서 빠지기 쉬운 패턴은, 과제에 깊이 파고들며 근본 원인(Why)을 알아내기 위한 사고 실험 중에 어느새 해결책(How)까지 생각하고 마는 경우입니다.

예를 들어 앞서 언급한 예시를 보자면 '저금하기 어렵다.'라는 요인은 크게 두 가지로 나눌 수 있습니다. 지출이 많거나(Out) 혹은 수입이 적거나(In), 이 두 가지 패턴이 있죠.

### 지출면

지출에도 일상생활을 하면서 필요한 것(Must)과 그렇지 않은 것(Want)이 있습니다.

○ Must : 집세, 식비, 수도세 및 난방비, 통신비 등.
○ Want : 술값, 옷값, 동영상 콘텐츠 구독 비용 등.

### 수입면

왜 수입이 증가하지 않는지 고려할 때도 다음과 같은 근본 원인 후보(요인들)가 존재합니다.

○ 업계 전체의 임금이 낮아서.
○ 회사 임금이 낮아서.
○ 부업을 할 수 없어서.

만약 '저금하기 어렵다.'에서 근본 원인을 분석하고 검증한 결과, '내가 일하는 업계 전체의 임금이 낮아서.'라는 결론에 도달했다면 (문제에 대한 기여도가 가장 높다면), 그 단계에서 비로소 '그럼 어떻게 다른 업계로 이직할 수 있을까?'와 같은 해결책, 다시 말해 How의 사고 과정으로 넘어갈 수 있습니다.

단적으로 설명했지만, 업무와 관련된 복잡한 문제 해결도 마찬가지로 **반드시 Why에서 How 순서대로 사고 과정을 진행해야** 사고 정리의 기반을 다질 수 있습니다.

예시를 이용해 더 살펴봅시다.

방금 사례 속, How의 대책 사고 과정이 이루어지는 단계에서 '집세를 줄이게끔 셰어 하우스를 알아보자.'라는 결론은 내릴 수 없을 겁니다(이 경우, 그렇게 해서는 안 됩니다).

왜냐하면 Why의 사고 과정에서 '저금하기 어려운 근본 원인은 내가 일하는 업계의 임금이 낮아서'로 특정했기 때문이죠.

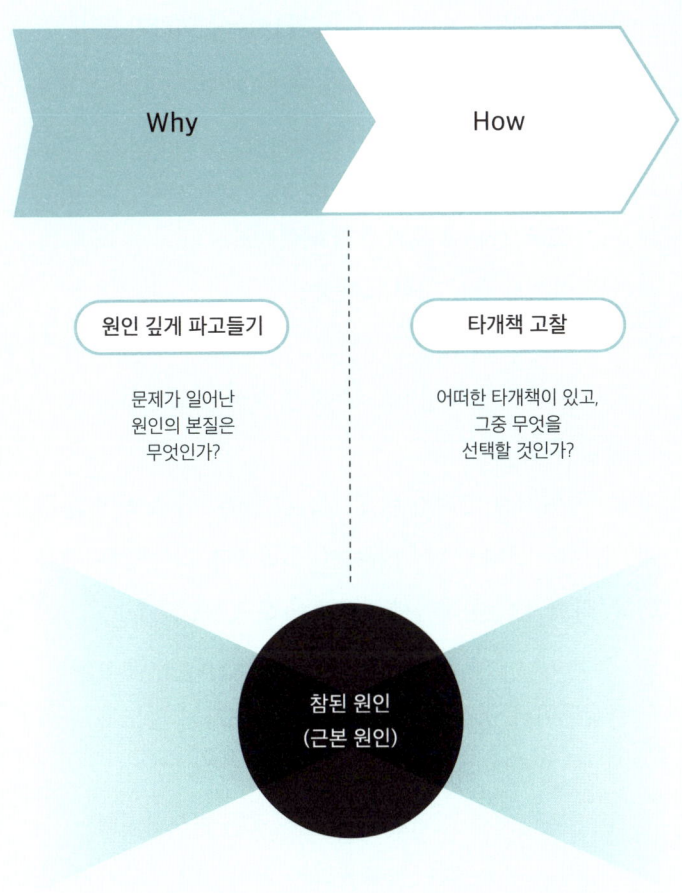

## '상식'에서는 최대한 거리를 둔다

두 번째 포인트는 **올바른 Why와 How 선택하기**입니다.
근본 원인 찾아내기와 해결법을 모색하는 중, 이런 생각을 해본 적은 없나요?

'이건 그저 정론에 불과한 거 아닐까?'
'상식적으로 봐서 실현 불가능인데.'

전자는 정론을 부정하고, 후자는 상식을 긍정하는 것처럼 보입니다.
이 두 가지를 고려하는 데 필요한 것은 '어느 쪽이 옳은가?'입니다. 그리고 더 나아가서 **'올바르다.'라는 말은 '진실이다.'**라고 정의를 내려서 진행해야 하죠.

근성론이나 정신론 같은 것으로 오해하지 않도록 우선 '상식'과 '정론'이라는 단어를 정의해 보겠습니다.
'상식'은 영어로 'Common sense', **공통 인식**입니다.
여기에는 올바르다, 잘못됐다는 의미는 존재하지 않고 수적으로 '많다'는 뜻만 있습니다. 많은 사람이 검은 개를 흰 개라고 한다면 그건 흰 개가 되는 것이죠. 이것이 바로 공통 인식이며, 상식이라는 단어에 속한 성질입니다.

'정론'은 **과학적으로 증명된, 논리가 성립되는 것**을 가리킵니다.

그리고 새로운 사실(Fact)을 내세웠다가 상식에 굴복한 인물이 바로 갈릴레오 갈릴레이입니다.

상식을 긍정하고 사실을 부정하는 일은, 많은 사람이 '개(실제로도 개)를 보고 저 동물은 고양이다.'라고 하는 말을 긍정하고, '개(실제로도 개)를 보고 저 동물은 개다.'라는 주장을 부정하는 것과 마찬가지입니다.

이상하지 않나요?

올바름(진실)을 이길 주장은 없다고는 하나, 이는 결코 순조롭지 않습니다. (실제로 고객과의 회의 중에 컨설턴트가 정론(Fact)을 기반으로 제안했음에도 '그냥 맞는 말만 해서 뭐가 달라져요?'라는 의뢰인의 발언으로 의견이 묵살되는 광경을 자주 보니까요.)


## 나 자신의 '옳다'를 고집하지 않는다

세 번째 포인트는 **적절한 의심하기**입니다.

비즈니스 세계에서는 '의심'의 중요성이 자주 언급됩니

다. '왜'를 반복하는 것이나 해결법을 고려해 실행하더라도 의심은 필요하죠.

그럼 여기서 질문입니다.

'여러분은 의심의 본질을 적절히 이해하고 있습니까?' (이 물음에 아직 저도 자신이 없을 때가 있습니다.)

한 가지 말할 수 있는 것은 '의심'하란 말이 세상 모든 사람을 색안경을 끼고 보라는 뜻은 아닙니다. **그 외에도 다른 가능성이 없는지 찾아보는 것이 '의심'의 본질입니다.**

예를 들어 신입사원이 선배에게 "업무 효율을 보자면 지금 방식을 바꾸는 게 좋을 것 같아."라는 말을 들었지만 '그럴 리가 없어. 지금 내 방식으로 잘되고 있으니까 바꾸지 말자.'라고 생각했다고 합시다.

이건 의심이 아니라 **단순한 사고 정지**입니다.

비즈니스 상황에서는 더 큰 가능성을 찾아내기 위해 **'지금 내 업무 방식 말고 다른 방법은 없을까?' 하는 의심**이 필요합니다.

고려한 결과, 마음에 걸리는 부분은 변경하거나 주변에 객관적으로 어떻게 생각하는지 물어봐야 합니다. 혹은 주변 사람들의 업무 처리 방법을 관찰해서 지금까지의 내 방식, 더 나아가 내가 사고하는 버릇마저도 의심해 보면 그것이 나의 성장으로 이어집니다.

물론 상사나 직장 선배가 시킨다고 별생각도 없이 "네, 알겠습니다." 하고 따르기만 하는 저차원적 수준에 머물러도 안 됩니다.

그럼 실제로 무엇을 의심(다른 가능성 찾기)할 때, 어떻게 사고하면 좋을까요? 갑자기 '의심하라!'라고 해도 무엇을 어떻게 해야 할지 알 수 없어 사고의 미로에서 길을 잃게 되고 맙니다.

여기서 도움이 되는 사고 접근법으로, 앞서 언급했던 **연역적 사고법과 귀납적 사고법**이 있습니다.

'연역법', '귀납법'이라는 단어를 들어본 적 있나요?

둘 다 논리적인 접근 방법이죠. 각각의 방법은 매우 오랜 역사를 가졌습니다.

연역법의 특징은 누가 해도 필연적으로 같은 답을 얻을 수 있다는 점입니다.

예를 들어 '1+1=2가 성립되면, 2+2=4도 성립된다.'처럼 **부정할 수 없는 사항을 기초로 하고, 여기서 다른 부정할 수 없는 사항을 조합함으로써 논리를 구축하고 새로운 진실을 밝혀냅니다.**

연역법에서는 전제가 잘못되면 결론도 잘못 도출되니

다. 그래서 '얼마나 정확한 전제를 설정하는가.'가 핵심이 됩니다.

또한 논리에 비약이 없는지에도 주의해야 하죠. 연역법을 잘 쓰기 위해서는 무작정 규칙과 논리를 받아들이지 말고 전제를 의심하는 눈이 필요합니다.

연역법과 짝을 이루는 귀납법에 대해서도 간단히 설명하겠습니다.

귀납법은 **여러 현상을 관찰하고, 그 공통점을 포착해 결론을 추론하는** 특징이 있습니다.

현상 1: 소크라테스, 플라톤, 아리스토텔레스는 인간이다.
현상 2: 소크라테스는 죽었다.
현상 3: 플라톤도 죽었다.
현상 4: 아리스토텔레스도 죽었다.
결론: 따라서 모든 인간은 언젠가 죽는다.

이는 귀납법의 특징을 보여주는 대표적인 사례입니다. 이 사례에서는 소크라테스, 플라톤, 아리스토텔레스가 죽었다는 예시를 모아 공통 요소(인간)를 도출하고, '모든 인간은 언젠가 죽는다.'라는 추론을 이끌어 냅니다.

이 추론법에서는 편향되지 않은 예시를 최대한 많이 모으는 것이 중요합니다. 왜냐하면 귀납법에서는 '다른 현상의 누락'은 논리 파탄으로 이어질 수 있기 때문입니다.

방금 전의 예시에서도 만약 이 세상에 죽지 않는 인간이 존재한다면 결론은 크게 달라지고 맙니다. 따라서 다각적인 정보를 모아 논리 전개를 해야 하죠.

선인들이 쌓아 올린 귀납법과 연역법이라는 논리적 접근을 우리 사고의 기본 틀로 활용할 수 있습니다.

정리해 보자면 연역법은 **여러 개의 자명한 사실을 합쳐 결론을 내는** 사고법이고, 귀납법은 **여러 현상을 관찰하고 그 공통점을 잡아내 법칙 등을 도출**하는 사고법입니다.

아무것도 없는 상태에서 갑자기 의심부터 한다면 나의 사고방식 습관에 영향을 받아 기울어진 답이 나오기 쉽지만, 연역법과 귀납법을 활용해 사고 방향까지 의식하면서 '생각'함으로써 편향적이지 않은 답을 찾아낼 수 있습니다.

특히 **근본 원인을 찾아낼 때는 귀납적으로도, 연역적으로도 사고를 이끌고 그 합치점에서 '참된 원인'을 발견**하게 되는 경우가 아주 많습니다.

# 연역적 사고와 귀납적 사고

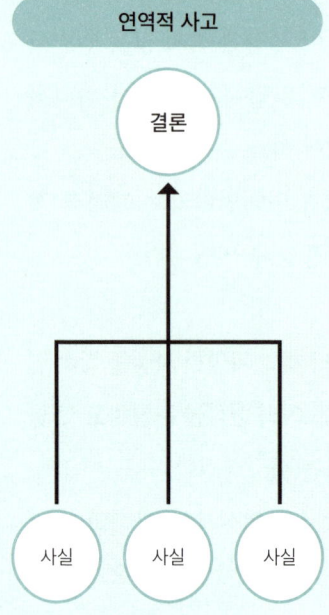
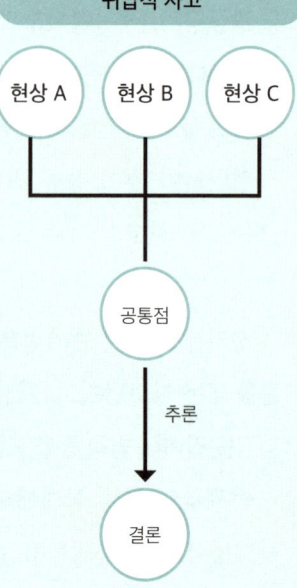

사실을 모아
결론을 이끌어 내는 방법

각각 다른 현상 속 공통점을 찾아
결론을 도출하는 사고법

전제가 잘못되면 결론도 잘못되므로
'얼마나 정확한 전제를 설정하고,
논리를 구축하는지'가 핵심이다.

'다른 현상의 누락'은 논리 파탄이 되기
쉬우므로(결론이 크게 달라짐),
편향되지 않은 정보를 최대한 많이 모아
논리 전개를 하는 것이 핵심이다.

## 성공 경험을 과신하지 않는가?

마지막으로 네 번째 포인트는 **과거의 성공 사례가 현재까지 통용되지 않는다**는 인식입니다.

'예전에 성공한 방법이니까 이번에도 이러면 되겠지.'라며 성공 경험을 몇 번이나 재활용하는 모습을 자주 볼 수 있는데, 과거의 성공 경험을 그대로 현재에 적용해도 될 것 같나요?

잘 생각해 보세요.

원시 시대의 인류는 창을 가지고 사냥감을 잡아 생명 활동을 지속했습니다. 그러나 현대 사회에서는 총이 있는데, 뭐 하러 창을 가지고 사냥을 할까요?

과거에 우위를 점했던 수법이 반드시 지금도 통용되는 것은 아니라는 뜻입니다. 특히 기술 진보에 관련된 분야는 더더욱 그렇죠.

그럼 활용할 수 있는 성공 경험과 그렇지 않은 것은 어떤 차이가 있을까요.

하나의 판단 기준으로 **보편적 영역에 해당하는지**가 있습니다.

예를 들어 30년 전에 만들어진 게임기를 현대 사회를 사는 초등학생이 과연 몇 명이나 가지고 있을까요. 그러나

30년 전에 유행한 가수의 노래는 지금도 사람들에게 꾸준히 사랑받습니다. 여러분은 오히려 젊은 세대가 틱톡 등에서 수십 년 전 가수의 곡으로 챌린지를 찍는다는 사실을 알고 있나요?

어쩌면 기능적 가치는 보편적이지 않을 때가 많고, 반면에 정서적 가치는 보편적으로 작용하는지도 모릅니다. 아무리 과학 기술이 발전하더라도 인간의 DNA는 기원후부터 크게 달라지지 않았을 것입니다.


## 모든 일에 '왜'라는 의문을 제기한다

지금까지 네 가지 포인트를 소개했습니다.
그럼 여러분에게 질문입니다.
이제까지의 설명을 기반으로, 지금 바로 적절하게 '왜'를 반복하고 근본 원인을 찾아내어(Why 과정), 거기서 해결법을 발견(How 과정)할 수 있을 것 같나요?

아직은 자신 없나요? 안타깝지만 이러한 사고법은 직접 실패하고, 훈련해 보지 않으면 익히기 어렵습니다.
다만 한 가지 요령이나 계기를 드리자면, 이 책에서 언급한 내용을 참고해 보세요. 무작정 사고하는 것보다도 어느 정도 머리가 정리된 상태에서 문제 해결을 시행해 볼 수 있을 것입니다. 무턱대고 생각하기 시작하는 건 야구에서 스트라이크 존이나 볼을 판정하는 위치도 모르고 타석에 서는 무모한 행위와 비슷하니까요.

만약 할 수 있다고 대답한 사람은 **어쩌면 할 수 있다고 착각하는 것뿐**일지도 모릅니다. 이는 비즈니스 서적 모두에 해당할 수 있는 점인데, 그저 책에서 얻은 정보와 사고법에 만족하지 말고 직접 실천해 보세요. 오직 실천만이 성장으로 이어집니다.

쉽게 말해서 전문 피아니스트의 연주를 들었다고 해서 그걸 바로 따라 연주할 수는 없잖아요?
프로 야구 선수의 시합을 봤다고 해서 나도 똑같이 경기할 능력이 생기는 건 아니잖아요?
(혹시 '자기계발서는 전혀 도움 안 된다'라고 생각하셨나요?)
저는 사고 역시 피아노나 야구와 같은 거라고 봅니다.

사고법은 책만 읽어서는 익히기 어렵습니다.
책에 적힌 내용은 '정보'로 인식하는 정도가 알맞습니다.

왜냐고요?

저 역시 앞서 말한 것처럼 이 책을 포함해 다른 비즈니스 책 내용마저 의심하고, 달리 좋은 방법은 없는지 매일 질문하기 때문입니다.

숨은 니즈

## 니즈의 '본질' 찾는 법

이 챕터에서는 니즈의 본질에 대해 설명하겠습니다.
노래방에 가는 학생, 주점에 가는 회사원.
여기에는 공통된 니즈가 존재합니다. 유행하는 옷을 사는 사람이나
SNS에 공유하기 위해 '사진발' 잘 받는 물건을 사는 사람들,
여기에도 공통된 니즈가 있죠.
여러분은 이 니즈의 본질이 뭔지 아시나요?

> 소비자의 설문조사 데이터를 보는 다쓰야. 자사 상품에 관한 조사뿐만 아니라 식품에 관련된 대규모 조사 결과 등 여러 데이터를 분석했습니다. 그리고 엄청난 정보의 파도에 휩쓸린 다쓰야에게 아저씨가 이런 제안을 했습니다.
> "아침 일찍 조깅이나 하세."

아침 햇살이 눈부시다. 지금은 토요일 아침 6시. 이런 새벽에 일어난 게 몇 년 만일까.

아저씨가 정한 조깅 코스는 비누 공장이나 인쇄소 등이 많은 상업 지역이었다.

"이런 소규모 공장이 많은 곳에는 정말 오랜만에 왔어요."

"조깅하면서 시장 견학이라도 해."

"참고할 만한 부분이 있으려나……." 야구부원이 미술부원한테서 배울 만한 일이 있을까? 그 반대도 마찬가지고. **전혀 다른 일을 하는 양자가 서로에게서 배울 일이 있다니, 너무 추상적이어서 참고가 되지 않을 것 같다.** 나는 그런 생각을 하며 중얼거렸다.

음료 제조회사 A사의 레몬 사워처럼 같은 식품 업계라

면 그나마 낫겠지만. 솔직히 업종도, 직종도 다른 영역에서 배울 게 뭐가 있을지 상상조차 되지 않는다.

아저씨와 나란히 강가를 따라 나 있는 조깅 코스를 따라 뛰었다.

***

"오늘은 라멘 한 그릇 먹고 싶네." 나는 아저씨가 있는 곳으로 가면서 복도에서 중얼거렸다. 불타는 금요일이라는데, 일 외에 생각나는 건 라멘 정도였다.

달콤한 초콜릿, 초콜릿, 초콜릿……. 결국 나는 수도꼭지에서 초콜릿이 줄줄 쏟아지는 꿈까지 꿀 정도로 우리 회사 상품 시식만 반복하는 중이었다.

**아무리 고객 조사 데이터를 봐도 어떤 게 진실인지 알 수가 없었다.** 휴게실 의자 위에 벌렁 드러누웠다. 퇴근 시간이니 사람도 거의 없고 괜찮겠지. 아무튼 너무 피곤했다.

"달달한 걸 좀 먹고 싶군." 아저씨가 의자에 앉으며 중얼거렸다.

"아, 저 초콜릿 있는데 드실래요?"

"나 충치 생겨서 그거 못 먹어."

"그럼 우리 라멘 먹으러 가요. 전 하도 달달한 과자 시식이랑 조사만 하느라 입 안도 텁텁하고 몸도 찌뿌둥해서요. 매콤한 거 어떠세요?"

아저씨는 내 제안을 들으면서 스마트폰을 바라보기만 했다.

"맥락도 없이 말하네. 몸이 찌뿌둥하면 지금 바로 달리기나 하러 갈까?"

"에이, 지금 어떻게 그래요? 무슨 소리를 하시는지."

"그럼 내일! 아침 6시 ○○강 둔치에 집합하자고. 늘 뛰던 조깅 코스로." 아저씨는 그렇게 말하며 출구로 걸어가 버렸다.

"늘 뛰던 코스라니, 저랑 한 번도 조깅한 적 없잖아요! 아니, 그게 아니라 아침 6시라고요? 아무리 토요일이라도 너무 새벽이잖아요."

"뛰고 나서 내가 라멘 살게."

"알겠어요." 라멘이라는 말에 냉큼 대답했다. 이런 걸 보고 손바닥 뒤집듯 군다고 하는 거겠지?

***

뛰기 시작한 지 15분 정도 됐을까?

"아직 5분밖에 안 지났어."

아저씨한테서 절망적인 말을 듣고 말았다. 내 체력이 이렇게나 저질이라니 좀 충격이다.

사람은 풀이 죽으면 점차 불안한 생각을 하게 된다. 최근의 조사도 그렇고, 내가 하는 행동이 결과를 낼 수 있을지 알 수 없어서 불안감으로 가슴이 답답해진다.

동기들은 이미 좋은 영업 실적을 내거나, 광고 활동으로 미디어 출연까지 하는데 나는…… 아직 해낸 게 아무것도 없다. 그래, 분명 **좀 불안해서 그런 것뿐이야.**

그런 생각을 하면서 머리칼을 와락 쥐었다.

"이봐, 뭘 그렇게 초조해하는 거야?" 아저씨가 뛰면서 나한테 물었다.

"그런 거 아니거든요!"

갑자기 왜 그런 소리를 하지? 내 미간에 주름이라도 졌나? 아니면 퉁명스럽게 굴어서? 새벽바람이 이마를 향해 불어온다. 차갑다.

"아니, 초조해하는데 뭘!"

"왜 그렇게 생각하시는데요?!"

산책하는 사람들이 우리를 이상한 눈으로 본다.

"자네는 어제 라멘을 먹고 싶었던 게 아니라 그저 스트레스 해소를 하고 싶었던 거야!"

"갑자기 무슨……." 숨이 차올라서 제대로 말도 못 하겠다. 아저씨는 전혀 지치지 않은 것 같다. 대체 이 아저씨는 몇 살이지?

**"'드릴을 원하나, 구멍을 원하나!'** 이런 말 못 들어봤나?"

아저씨가 갑자기 엉뚱한 이야기를 시작했다.

"나는 자네의 진정한 니즈를 이미 다 꿰뚫어 봤거든!"

아저씨의 이야기를 도저히 따라가지 못하겠다. 조깅도, 사고도 모두 나 혼자 저 멀리 뒤처진 기분이다.

진정한 니즈. 나는 이렇게 스트레스 받아가며 지금껏 뭘 했던 걸까. 마케팅은 결국 결과론에 불과할지도 모른다. 상품 조사를 하면서 종종 그렇게 느꼈다.

아직 뭐 하나 해낸 것도 없는데, 아직도 어엿한 한 사람 몫도 제대로 해내지 못하는데, 내가 대체 뭘 할 수 있을까? 그런 생각이 들자 아저씨한테 아무 대꾸도 할 수 없었다. 마음이 무거워졌다.

강가에서 벗어나 공장들이 늘어선 길로 접어들었다.

"여긴 조깅할 만한 코스가 아닌데요."

"그럼 산책 좀 하지."

아저씨는 속도를 늦춰 걸었다. 나도 아저씨의 속도에 맞춰 걸었다. 아니, 난 진작부터 거의 걷는 수준이긴 했지만.

"왜 굳이 이쪽 길로 가요?"

"말했잖아! 동업자의 동향만 봐서는 이노베이션이 일어나지 않는다고!"

숨을 고르며 걷자니 공장 건물들이 막 문을 여는 듯이 보였다. 건물 앞에는 출근한 직원들로 보이는 사람들이 몇몇 무리 지어 있었다.

"식당 아직도 문 안 열었어."

"이 캔 커피는 따기가 힘드네. 딸 때마다 장갑을 벗어야 하다니."

"날씨 참 좋군."

여러 사람의 두서없는 말소리들이 들려왔다.

"캔을 따기 어렵단 말이지……." 지금까지 패키지 문제는 생각조차 해보지 않았다.

"어때? 이게 진짜 니즈 조사야. **니즈는 제한적 범위에서 파악하면 안 되는 법이지.**"

"지금까지 살펴본 건 식품 업계의 대규모 조사 데이터였으니까 이제는 아예 다른 업계 데이터를 보면 되는 건가?" 내가 혼잣말을 중얼거리자, 아저씨가 "말도 안 되는 소릴!" 하고 타박했다.

"시장 조사나 하는 마케터는 2류에 불과해! **너무 많이 알아서 바보가 된다고.**"

아저씨는 더 말을 이어나갔다.

"나는 나이 먹은 아저씨지만, 젊은 사람들이 하는 SNS는 다 본다고! 트위터나 틱톡도 매일 보고 말이지! 그 이유가 뭔지 알아? 어설픈 시장 조사보다도 더 생생한 정보를 얻을 수 있거든. 자네, SNS는 해?"

"업무에 집중하고 싶어서 안 해요."

"대규모 조사 따위를 할 시간이 있으면 차라리 SNS를 해! 평소에 소비자 목소리나 트렌드를 이해해 놓는 게 좋다고!"

나는 그 말에 조금 의문이 들었다. 평소에는 그렇게나 현장이 중요하다면서, 갑자기 이런 소리를 하다니 이상하지 않나?

회사에서 일하다 보면 수시로 말을 바꾸는 상사들을 종종 본 적이 있는데, 이 아저씨도 그런 걸까? 그렇게 의심하며 나는 미간에 주름을 잡았다.

그러자 그런 내 머릿속을 아는지 모르는지 아저씨는 계속 말을 이었다.

"나는 SNS에 도는 정보만 가지고 기획서를 쓰고, 시장 동향을 판단하라는 뜻으로 하는 말이 아니야. 거기에는 거짓 정보도 얼마든지 있으니까. 그게 아니라 **남이 가공한 정보를 지나치게 믿지 말라**고 하는 거야. 예를 들자면, 지금 자네는 물고기를 조사하고 싶은데 슈퍼마켓에 가서 생선 통조림을 사 오는 꼴이지. 나는 대규모 조사라는 게 딱 그런 거라고 봐. 하하, 이상한 비유 같아? 물고기에 대해 알고 싶으면 직접 물가에 나가 물고기를 잡아 손질해 먹어보는 게 제일이야. 하지만 시간은 제한적이지. 그래도 하다못해 슈퍼마켓에 가서 직접 내 눈으로 보고 산 생선을 손질해서 먹을 수는 있잖아? 할 수 있는 범위에서라도 좋아. 더욱 본질에 가까운 정보를 직접 내 발로 가서 확보해야 해."

나는 그제서야 아저씨가 하는 말이 무슨 뜻인지 조금은 알 것 같았다. 아저씨는 '현장이 제일 중요하다.'라는 말과 다른 말을 하는 게 아니었다.

그러고 보니 지금까지의 내 행동을 돌이켜보면, 만나는 사람의 첫마디나 말 몇 번 가지고 그를 판단했던 것 같다. 겨우 한마디로 다 판단할 수 있는 게 아닌데 말이다. 조금 반성하게 됐다.

아저씨는 내 표정을 흘끔 본 후, 다시 입을 열었다.

"통조림 내용물을 봐도 그 물고기가 어떤 색이고, 어떤 무늬를 가졌으며, 어떤 식으로 헤엄치는지는 알 수 없지. 그러니 **생생한 정보 혹은 진짜에 가까운 정보를 직접 자신이 확보하러 가야 해.** 그리고 그 정보가 진짜인지, 거짓인지 구분할 줄 아는 눈도 기르면 좋지."

"어떻게 하면 구분하는 능력을 갖출 수 있나요?"

"어떻게 해야 좋을지는 사람마다 다르지만, 구분 능력을 좀 더 자세히 말하자면 인터넷 게시판에 떠도는 정보가 진짜인지 가짜인지 구분하는 힘과 비슷한 거라고 봐야 하지. 인터넷 게시판은 좀 돌아봐?" 아저씨는 팔을 쭉 뻗으며 물었다.

어쨌든 간에 답은 나 스스로 직접 찾아내야 하는 것일지도 모른다.

"물론 최종적으로는 자기 눈으로, 귀로 확인해야 하겠지만. 결국 어느 한 부분에 지나치게 특화돼도 정보의 편향이 생기지." 아저씨는 하늘을 올려다보며 말했다.

아저씨의 말이 머릿속을 울렸다. 동시에 푹 가라앉았던 기분도 어쩐지 개운해졌다. 지금까지 이렇게 내 행동을 되돌아볼 기회는 없었던 같다.

어느새 한 시간이나 지났다. 다시 강가로 돌아와서 햇볕

이 쏟아지는 아스팔트 위에 앉았다.

"어때, 기분은 좀 나아졌나?"

"얼큰한 라멘을 먹었을 때보다 훨씬 상쾌하네요. 지금껏 제가 막막했던 이유를 알 것 같아요."

아저씨는 스트레칭을 하면서 말했다.

"라멘만 먹는 생활을 하면 다른 어떤 음식이 유행하는지 알 수 없게 되는 것처럼, **사람은 환경에 의해 좌우되는 법이야. 자꾸만 시야가 좁아지고 말지.**"

아저씨의 말이 맞다.

"전 이제까지 광범위하게 살피는 줄 알았지만, 사실은 아주 일부만 보고 있었던 거네요. 저 자신의 생활 속에서도 말이죠."

나는 태양 빛을 반사해서 반짝이는 강을 바라보았다. 그 어떤 미라클 모닝 세미나보다도 나한테 필요한 것이 무엇인지 깨닫게 한 아침 운동이었다. 그와 동시에 졸음도 몰려왔다.

"5분 있다가 깨워주세요. 꼭 일어날게요."

나는 바닥에 벌렁 드러누웠다.

"갑자기? 그래, 알았어."

아저씨는 스마트폰을 만지작거리며 대답했다.

머릿속에서 오늘 본 것이나 들은 것이 빙빙 돌면서 나는 잠에 빠져들었다.

"이봐! 일어나!"

어디선가 그런 목소리가 들렸다. 하지만 눈꺼풀이 무거워서 도저히 눈을 못 뜨겠으니, 그냥 좀 더 못 들은 척해야겠다.

## STUDY

### 수단에 얽매이면 목적을 잃는다

니즈의 본질을 공부할 때 '사람은 드릴을 원하는가? 구멍을 원하는가?'라는 이야기를 하곤 합니다.

드릴을 사고 싶은 사람이 원하는 것은 '구멍'입니다. 구멍을 뚫기 위해 드릴을 구입하죠. 즉, **드릴은 수단이고 구멍은 목적**입니다. 그런데 니즈를 고려할 때 우리는 의외로 수단과 목적을 혼동하는 경우가 많습니다.

그리고 그 구멍에도 '왜 구멍이 필요한가?'라는 더 깊은 니즈가 존재합니다. '무엇을 위한 구멍인가?'라는 관점이죠.

이 이야기에는 사람들이 원하는 본질적인 것(다시 말해, 니즈의 본질)을 찾아야 한다는 메시지가 담겨 있습니다.

니즈의 본질이란 바꿔 말하자면 **'무엇을 위해?(What is needs for the purpose?)'** 라는 의미로 볼 수 있습니다.

# 1908년에 T형 포드가 발매되자, 사람들의 탈것은 금세 모습을 바꾸었다

> 만약 내가 사람들에게 무엇을 원하는지 묻는다면,
> 그들은 '더 빠른 말을 갖고 싶다.'라고 대답할 것이다.
>
> ―헨리 포드

고객이 진심으로 원하는 것은 무엇인가?

왜 사람들이 유행하는 옷을 살까요?

왜 한국 영화를 볼까요?

왜 기능적이고 가격이 저렴한 상품이 있어도, 유명 브랜드 로고가 붙은 것을 살까요?

왜 디즈니랜드에 갈까요?

**사람이 무엇인가를 할 때는 꼭 목적과 이유가 있습니다.** 당신이 이 책을 읽는 것도 어떤 목적이 있을 것입니다.

이렇게 보면 아주 당연한 일이죠. 하지만 실제로는 사람들의 잠재적 니즈를 파악하려 하면 사고가 멈춰버리는 일이 더 많지 않던가요?

제로부터 그런 니즈를 찾는 법을 소개해 보겠습니다.

### '경험한 정보'가 제일 강하다

우선 니즈의 탐색 방법에서 중요한 것은 **내가 항상 있는 환경과는 크게 다른, 별도의 환경(세계)에서 조사하기입니다.**

쉬운 예를 들어 말하자면, 자동차 업계 제조 현장에서 일하는 사람은 정보 확보 방법이나 사고방식이 모두 자동차 쪽으로만 편향되기 쉽습니다(그게 일이니까 어쩔 수 없지만

요). 그래서 사내 직원들에게 아이디어를 요구해도 다들 엇비슷한 대답이나 정보밖에 나오지 않을 겁니다.

그렇지만 회사 밖으로 나가서, 예를 들어서 엔터테인먼트 업계나 IT 업계에서 일하는 사람에게 아이디어를 구하면, 나는 알아차리지 못했던 아이디어나 정보를 얻을 수도 있어요.

**내가 있는 상자에서 멀리 벗어나서 정보를 얻어야만 숨겨진 인사이트(Insite)를 깨달을 수 있다**는 뜻입니다. 저는 이를 간략화해서 "'그런 사고방식도 있구나.'를 많이 찾아라."라고 말합니다.

**그런 것쯤이야 책이나 인터넷 기사, 유튜브에서 얼마든지 검색할 수 있지 않나?** 혹시 이렇게 생각하시나요? 물론 인터넷은 현대인의 생활필수품이라고 해도 될 정도로 편리하고 정보가 넘쳐납니다.

여기서 잠시 다른 이야기를 하자면, 10년 정도 전쯤 중국에서 일본의 통 세탁기가 크게 유행했습니다. 여러분, 그 이유가 뭔지 아시나요?

일본의 세탁기가 빨랫감의 때를 잘 빼주기 때문일까요?

아뇨, 중국인들은 '감자'를 씻기 위해 일본의 세탁기를 쓰기 시작했습니다. 누군가가 일본 통 세탁기로는 울퉁불

퉁한 감자를 씻어도 쉽게 고장 나지 않는다는 걸 알아차렸던 것이죠.

만약 이 사실의 첫 발견자가 중국에서 일본 세탁기를 이용해서 감자 세척 사업을 시작했다면 분명 수많은 식생활 니즈에 부응하며 큰돈을 벌었을 거예요.

그리고 아마 감자 이외의 식재료를 씻거나 혹은 식품 전용 세탁기 개발로 이어져서 특허 비즈니스로 발전했을지도 모르죠.

이런 감자 세척 활용 사례는 '세탁기란 옷을 빠는 것'이라는 고정관념을 깬 좋은 예입니다.

그럼 다시 아까 전과 같은 질문을 하겠습니다.

책이나 인터넷 기사, 유튜브로 얼마든지 검색할 수 있지 않나? 그렇게 생각하시나요?

이 책에서 귀가 따가울 정도로 강조하는 말은 바로 '현장에서 체험하라.'입니다.

물론 세탁기를 감자 세척에 쓸 수 있다는 건 인터넷을 통해서 알 수도 있습니다. 단, 그 단계에서의 정보는 2차 정보죠. 경쟁이 격화하는 현대에서 인터넷에 모인 정보는 한마디로 누구나 얻을 수 있는 **'신선도가 부족한 뒤늦은 정보'**입니다.

누구보다도 빨리 신선한 정보를 얻고 싶다면 '현지와 현물을 통한 정보 습득'을 철저히 해야 합니다.

서비스 제공자 측이 현장에서 그 서비스를 직접 체험해서 일으킨 또 다른 이노베이션 사례로 위장 내시경 진정제가 있습니다.

대개 위장 내시경 검사를 받는 목적은 위장 상태에 이상이 없는지 확인하는 것입니다. 다시 말해 꼭 필요하기에 피할 수 없는 경험이죠. 하지만 '평범하게' 위장 내시경 검사를 받아보면 알겠지만, 보통 괴로운 일이 아닙니다(경험자 이야기). 환자 입장에서 지옥 같은 검사죠.

그러나 최근에는 위장 내시경 검사를 할 때 검사 직전에 환자에게 진정제를 주사하여 검사 중 생기는 고통을 줄일 수 있게 되었습니다.

체험담을 통해 더 확실히 말하자면, 주사 후에 푹 잠들어 버리는 바람에 '일어나면 검사가 다 끝났다.' 상태가 되죠. 잠든 상태라 검사받은 건 전혀 기억하지 못합니다.

이는 의료 종사자가 실제로 위장 내시경 검사를 해서 환자 입장이 되어 그 고통을 깨닫고 나서 생각해 낸 획기적인 아이디어입니다.

ㅇ 위장 검사는 정기적으로 해야 한다

↓

ㅇ 그렇지만 환자는 이를 싫어한다

↓

ㅇ 왜냐하면 고통스러우니까

이 해결책으로 진정제를 사용한 위장 내시경 검사가 시작됐으며, 환자도 안심하고 위장 내시경 검사를 받게 됐습니다. 10년 전에는 진정제를 사용하는 병원을 찾는 게 매우 힘들었지만, 지금은 어느 병원이든 진정제 사용을 선택할 수 있습니다. 의료 종사자들이 환자들의 강하고 뿌리 깊은 니즈에 부응한 덕분이죠.

**진정한 정보는 스스로 그 고통을 보고 듣거나 체험해야 비로소 이해할 수 있습니다.**

또한 만약 당신이 신선하고 생생한 정보를 얻고자 한다면, 다시 말해 질 좋은 니즈를 얻고 싶다면 인터넷 시대인 오늘날이기에 더더욱 정보는 형사처럼 발품을 팔아 확보하는 게 좋습니다.

그리고 직접 내가 속한 업계 이외의 현실적인 니즈를 얻고, 그걸 내 업계에 유입해서 살려야 합니다. 왜냐하면 **정보**

**는 앉아서 기다린다고 얻어지는 게 아니니까요.**

　따라서 책이나 인터넷에서 찾는 정보는 힌트 정도로만 봅시다(바꿔 말하자면, 오늘날은 침대 위에서도 단서를 얻을 수 있는 시대이자, 스마트폰 덕분에 니즈의 표층에 대해 알아챌 기회가 더 늘어난 상태입니다).

　마지막으로 그리 중요한 이야기는 아니지만 속닥거려 보겠습니다. 저는 겨울만 되면 게를 넣은 전골을 먹고 싶은데 이게 상당히 어렵습니다. 누가 편리하게 먹는 법을 개발해 주지 않을까요? 누군가 개발해 주면 좋겠다고 늘 생각합니다.
　그리고 자동차 와이퍼도 어떻게 좀 안 될까요?
　누가 좀 꼭 제대로 개발해 주시길 바랍니다.

# '충족되지 않는 니즈'를 전방위적으로 생각해 보기

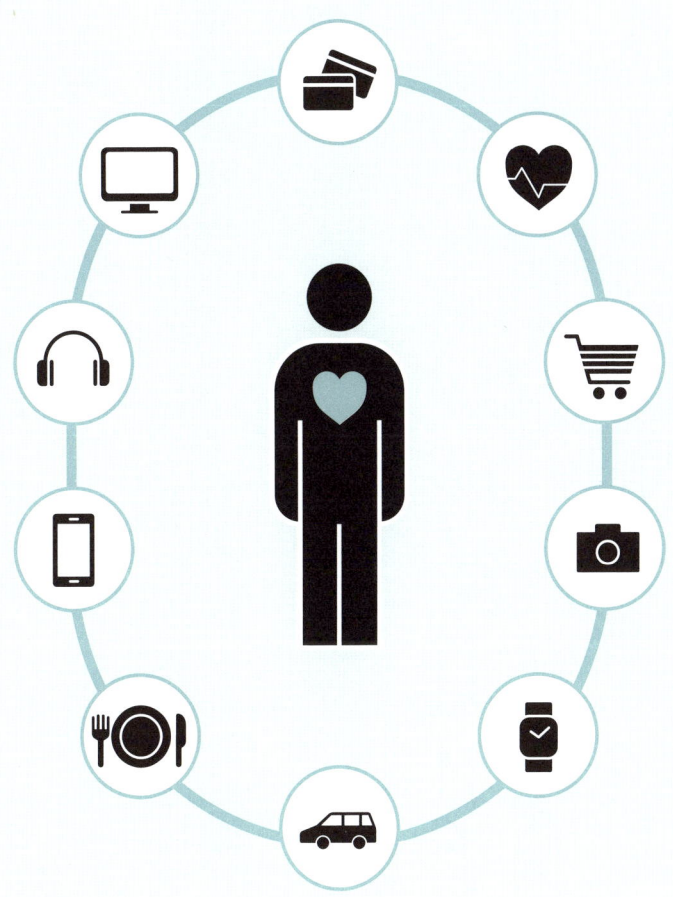

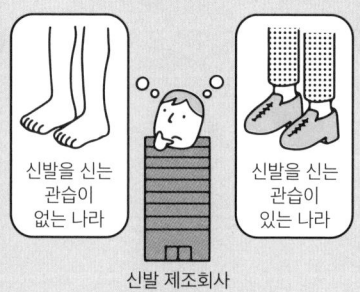

## 내가 이길 수 있는 싸움터 만들기

이 챕터에서는 싸울 시장을 찾는 법에 대해 설명하겠습니다.
예를 들어 당신이 신발을 만드는 회사 사장이라면
국민 모두가 신발을 신는 나라와 신발이 보급되지 않은 나라,
어디에 상품을 팔겠습니까?
이에 대한 답과 그 이유를 말할 수 있다면 당신도
다쓰야처럼 성장하는 중일지도 몰라요.

마케터로서의 사고방식을 익히게 된 다쓰야. 정말 대박이라고 여길 만한 아이디어를 떠올린 것 같은데…….

"손이 더러워지지 않는 포테이토 칩?"
"네, 요즘 포테이토 칩을 먹다가 그런 생각이 들더라고요. 포테이토 칩을 먹을 때 손이 더러워지니까 일할 때 먹기 참 번거롭잖아요. 새로운 상품만 생각했는데, 지금 있는 것을 다른 방향으로 고민해 보는 것도 좋을 듯해요."

퇴근 후, 공원 벤치에서 아저씨와 이야기를 나눴다. 오늘은 회사 건물 점검이 있어서 사무실 문이 일찍 닫혔기 때문이다.

"오호, **지금 있는 것을 활용**하려는 건 좋은 아이디어로군." 아저씨가 말했다.

나는 지금까지 배운 것들을 활용해서, 아저씨에게 새로운 상품 아이디어를 설명했다.

"그렇지만 업무 중에 포테이토 칩을 먹는 사람이 그렇게나 많을까? **약한 니즈를 파고들면 포지션 구축을 할 수 없을 텐데. 그런 경험은 해본 적 없어?**" 아저씨는 캔 커피를 따면서 말했다.

아저씨의 말이 내 가슴에 푹 꽂혔다. 그러고 보니 회사 쓰레기통에 포테이토 칩 봉지가 버려진 걸 본 적이 없었던 것 같다.

"펜 돌리기 같은 건가……." 나는 씁쓸한 학창 시절을 머릿속으로 떠올렸다.

"자세히 좀 말해 봐." 아저씨의 요청에 나는 회색빛 청춘의 추억을 이야기했다.

"고등학교 시절에 펜 돌리기를 잘하려고 기를 썼거든요. 그걸로 유명해져서 인기를 얻고 싶었으니까요. 근데 우리 학교에서 펜 돌리기에 관심을 보이는 애들은 없었고, 다들 공부에만 집중했어요."

나는 가슴 주머니에 넣어둔 볼펜을 가지고 네 번 빙빙 돌리기를…… 하기도 전에 펜을 뚝 떨구고 말았다.

"그거라도 좀 완벽히 하든가." 아저씨가 말했다.

난 항상 이런 식이다.

"어떤 순서로 니즈를 찾아내야 좋을지 모르겠어요. 아이디어를 많이 내봐야 하는 건지 아니면 하나의 아이디어를 갈고닦아야 하는 건지."

나는 결국 양보다 질이라고 생각하는 사람이다. 공식 자체를 잘못 이해하고, 그 공식으로 계산 문제를 100번 풀어 봤자 답은 전부 오답일 뿐이다.

그러자 아저씨는 이런 이야기를 하기 시작했다.

"일단 질이 어떻다느니 하는 문제는 놔두고. 100번 던져서 10번 맞히는 다트가 있다고 해. 1등을 하려면 다트를 몇 번이나 던질 거야?"

"그거야 100번이죠."

그러자 아저씨는 말했다.

**"횟수 제한만 없다면 1000번이든 2000번이든 얼마든지 던지면 돼.** 이게 바로 비즈니스의 세계지. 스포츠나 공부와는 달라. 그러니 생각난 의견은 뭐든지 한번 던져보는 게 좋아. 하지만 올바른 니즈를 찾아내고 나서 일에 착수해야 한다는 걸 잊지 마. 자네가 그렇게나 중시하는 '질' 말이야. 온천이 안 나오는데 아무리 땅을 파봤자 그냥 지치기만 할 뿐이니까."

"제가 제 아이디어를 내는 횟수에 제한을 뒀던 거네요."

아저씨의 말에 호응했다. 그런 건 지금까지 생각해 본 적도 없었다. 어쩌면 우리 회사에 있는 그 영업부장도, 과장도, 눈앞에 있는 이 아저씨도 나보다 더 많이 타석에 서봤

을지도 모른다.

나는 다 마신 빈 캔을 쓰레기통에 던졌다. 거리는 2미터 정도 될까.

카아앙, 하는 소리를 내며 빈 캔이 땅바닥에 툭 떨어졌다.

"그럴 때는 쓰레기통에 제대로 골인을 시켜야지." 아저씨가 말했다.

**"열의만으로도, 기술만으로도, 센스만으로도 성립되지 않는 게 바로 비즈니스 세계이자, 마케팅 세계이기도 해."**

아저씨는 그렇게 말하며, 빈 캔을 쓰레기통에 던졌다. 빈 캔은 '제대로' 쓰레기통 안으로 들어갔다.

아하, 이제 이해가 가네. 먼저 올바른 공식을 익히고 그 다음에 많은 문제를 풀어봐야 한다는 거구나. 다만 학교 공부와 다른 점은, 니즈는 교과서에 실리지 않는다는 점이다.

아저씨는 조금 의기양양한 표정으로 말했다.

"내 고등학교 시절 이야기를 해주지."

아저씨의 고교 시절이라니……. 어떤 학생이었을까? 예전부터 이런 식으로 생각하고 분석하는 능력이 뛰어났던 걸까.

"고등학생 때 나는 생선 가게에서 아르바이트를 했어. 예전에는 생선 횟감을 손질한 덩어리로만 팔았거든. 혼자 사는 사람들한테는 별 인기가 없었지. 당시에 우리 동네에는 혼자 사는 20~30대 인구가 늘어나던 중이어서, 이 사람들이 생선을 사면 가게 수입도 늘고 내 아르바이트 시급도 늘어날 거라고 생각했지. 그리고 나는 사람들이 가게 앞을 지날 때 어떤 감정을 느끼는지 확인해 봤어. 그 사람들은 횟감용 생선 덩어리를 보며 이런 생각을 하더라고. '생선을 썰어야 해서 힘들겠다.' '친구 집에 안줏거리로 가지고 가기 귀찮은데.'라고."

"초능력자도 아니고 어떻게 남의 생각을 읽었다는 건지……." 내가 중얼거렸다.

"초능력자는 무슨. **가게 앞을 지나는 사람들의 대화나 시선에 주목**했을 뿐이야."

아저씨는 말을 이었다.

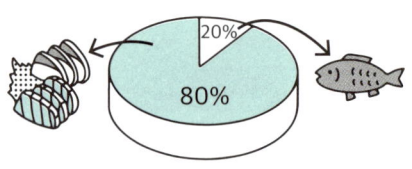

"거기서 '생선 덩어리를 썰어야 해서 귀찮다.'라는 생각을 가진 사람들, 그러니까 니즈로 보자면 '처음부터 아예 바로 회를 먹을 수 있게 썰어놓으면 좋겠다.'라는 세그먼트가 있다는 걸 알아차렸지. 그리고 가게 앞을 지나는 20~30대들의 80퍼센트가 비슷한 생각을 하는 것으로 보였어. 그 후에 나는 사장님한테 생선을 썰어주는 서비스를 하면 어떨까, 아니면 굳이 썰지 않아도 되는 작은 생선을 진열하는 게 어떨까 등 여러 제안을 했지. 그렇게 오늘날 슈퍼에서 파는, 썰린 형태의 회가 있게 된 거야. 그런 회를 널리 퍼트린 게 이 나란 말씀이지."

아저씨는 자랑스럽게 말했다.

"순서로 따지자면 **니즈를 깨닫는 것, 그 분모가 얼마나 큰지 알아볼 것, 여러 아이디어를 쏟아내 볼 것**이겠지. 그리고 아이디어를 쏟아낼 때 타율은 상관없어. 아무튼 많이 뽑아

내 보라는 거지."

아저씨의 이야기를 듣고 나는 혼자 중얼거렸다.

"지금까지 난 니즈의 모집단을 확인해 보지 않았구나. 신제품 아이디어 내기에도, 고등학생 때 펜 돌리기를 할 때도." 순서는 중요한 법이다.

"가스레인지에 불을 켜고, 채소를 썬 다음에 저녁 메뉴를 정할 수는 없잖아? 그것과 같은 거야." 아저씨는 말했다.

내가 고등학생 시절에 아저씨를 만났다면 펜 돌리기 이외의 다른 것으로 인기를 얻었을지도 모른다. 그런 생각을 하며, 가지고 있던 노트에 아이디어를 적기 시작했다.

노트에 적은 글자를 알아보기 힘들 정도로 밖이 어둑어둑해졌다.

"벌써 날이 저물었군." 아저씨가 중얼거렸다.

나는 노트 마지막에 오늘 날짜를 적었다. 4월 1일…….

"아, 뭐야. 생선 얘기 거짓말이죠?"

"하하하, 들켰네." 아저씨가 대꾸했다.

"벚꽃이 참 예쁘네요."

"저건 매화꽃이야."

"그게 뭐가 중요해요? 아마 꽃구경하는 사람은 그게 벚

꽃인지 매화인지 별 상관없을 거예요. 사람들은 그저 아름다운 꽃을 보며 남들과 이야기를 나누고 마음이 편해지면 그걸로 만족할 테니까요."

"오, 이제 제법 잘 아는데?"

공원 옆에 놓인 자판기의 캔 커피가 품절이었다.

## STUDY

### 뛰어난 지적 생산에는 공통된 방법이 있다

갑작스럽지만, 여러분께 질문입니다.

'이노베이션'은 어떻게 일어나는 걸까요?

천재적인 경영자의 획기적인 아이디어에서 갑자기 생겨나는 걸까요?

아니요, **이노베이션이란 정해진 순서에 따라 행동해도 일어날 수 있습니다.**

그리고 이노베이션의 필수 요건 중 하나는 **'내가 싸울 장소를 찾는 것'**이라고 생각합니다.

1년 내내 한여름인 열대 지역에서 난로나 방한용품이 팔릴까요?

아뇨, 전혀 그렇지 않죠. 그렇다면 지구 환경의 변화를 기도하면서 업체를 운영해야 할까요? 당연히 그런 짓은 안 할 겁니다.

아주 가끔 재미 삼아 더운 지역에서 다운재킷을 팔아보자고 생각하는 사람이 있을지도 모르겠지만, 그러한 모집단은 아주 적을 겁니다(비즈니스로서 참여하는 시장을 찾는 것은 니즈 발견과 연결됩니다. 그리고 시장 개척은 그 모집단이 '많아야' 한다는 게 전제 조건이죠).

이렇게 보면 우리가 싸워야 할 장소를 살피는 것은 당연하게 여겨지겠지만, **실제로 비즈니스에서는 이를 제대로 하지 못하는 기업이 결코 적지 않습니다.**

지금부터는 이노베이션을 일으킬 때 필요한, 싸워야 하는 시장을 찾는 순서를 설명해 보겠습니다.

때로 기업들은 외부에서 전문 분야의 인재를 고용하는 일이 있습니다. 적재적소에 사용한다면 최고의 결과를 받을 수 있겠죠. 하지만 해결이 안 되어 막힌 문제를 신규 사업 개발이나 DX(디지털 트랜스포메이션)를 내세우며 무작정 언어화한 다음, 자사에서 시험해 보지도 않았는데 외부에 맡겨버리는 경우도 비일비재합니다. 당연히 기업은 자신이 노리는 시장의 상태가 어떤지 제대로 알지 못하고, 외부에서 고용한 인재는 현장을 잘 몰라 사업에 대한 이해도가 떨어지죠.

이러한 방식은 새로운 일에 도전하는 척만 한다고 보는 게 맞을 겁니다.

**근거 없는 뭔가를 만들어 내는 건 시간 낭비일 뿐이죠.** 새로운 시도를 '하는 느낌'만 연출하니, 성과 없는 결과가 나오는 것도 당연합니다. 목적도 모른 채 무작정 걷기만 한다면 어디에도 도달할 수 없죠.

특히 경영 컨설턴트로서 신설된 사업부와 일을 할 때 '뭔가를 바꿔보자.' '회사의 문제를 해결해 보자.' 같은 별 뜻도 없는 말을 하는 사람들을 자주 만났습니다. 대기업일수록 외부에서 중도 채용되어 의욕 넘치던 그런 직원들은 얼마 가지 않아 뭔가 '하는 느낌'의 실태를 깨닫고 어느새 회사를 떠나가는 광경을 자주 목격했습니다.

다시 싸울 시장을 찾는 법으로 돌아가 봅시다.
이건 지도와 같습니다. 자신의 현재 위치가 어디인지 알고, 내가 어디로 가야 하는지, 그 장소에 도달하면 어떤 이득을 볼 수 있는지 상상하거나 혹은 이해한 다음에 걷기 편한 신발과 옷, 교통수단 등을 선택해야 합니다.

그리고 아까 '하는 척'에 관한 상황은 목적지도 확실치 않은 상태에서 그곳에 가기 위해 신발과 옷만 갖추는 꼴과 같습니다. 즉, 목적과 수단이 전도된 것이죠.

또 다른 예를 들자면, 공부법으로도 설명할 수 있습니다.
초등학교, 중학교에 다니던 시절을 떠올려 봅시다.

한자 시험을 위해 노트 한 권을 다 쓰도록 연습을 해도, 따라 써야 할 모범 예시의 한자 자체가 틀렸다면 시험에서 좋은 성적을 받을 수 없겠죠.

일단 뭐든 해보자는 자세는 중요하지만, **내가 어디로 가야 할지, 무엇을 위해 이걸 해야 하는지 등을 제대로 이해한 다음에 해야만 원하는 결과를 얻을 수 있습니다.** 그렇지 않으면 진짜 목적에서 점점 멀어지기만 할 거예요.

## 이노베이션이 태어나는 과정

다음으로 설명할 사고법은 제가 이노베이션을 만들어 내기 위한 축으로 삼는 것입니다. 이노베이션을 일으키기 위한 순서에는 '3I'가 효과적이라고 생각합니다.

**Imitation**(흉내)
↑
**Improvement**(개량)
↑
**Innovation**(기술 혁신)

'수파리*'와 비슷하지 않나요? 앞서 언급한, 흔히 도전하는 척만 하는 기업들에서는 이 순서를 지키지 않고 **갑자기 이노베이션으로 나아가는 일이 비일비재**합니다.

제가 운영하는 회사가 DX 컨설팅을 할 때도 '마법의 지팡이'를 원하는 고객들이 얼마나 많은지. 그런 게 가능하다면 우리 회사가 바로 써버릴 겁니다(웃음).

제 회사에서는 '이노베이션급 사업을 만들고 싶다면 마법의 지팡이는 버려라.'라는 모토를 내걸고 있습니다. 덧붙여 말하자면, 이렇게 마법의 지팡이를 찾는 경우는 '아예 컨설팅 쪽에 다 맡기면 알아서 되겠지.'라는 발상 자체부터 개선해야 하는 문제지만요……. 아무튼 무엇인가를 행하기 위한 준비(조직 구성)부터 시작하더라도, **결국은 자신들이 목표로 할 장소와 그곳을 노려야 하는 근거가 없으면 그 무엇도 만들어 낼 수 없습니다.**

---

\* 선불교에서 깨우침을 말할 때 쓰는 용어다. 수(守)는 스승의 가르침이나 모범을 배우고 지키는 단계를 일컫는다. 파(破)는 그 가르침과 이론을 깨거나 새로운 응용을 해보는 단계이며, 리(離)는 나만의 방법을 만들어 기존 가르침이나 이론과 결별하는 단계를 뜻한다.

# 이노베이션에 이르는 단계적 사고

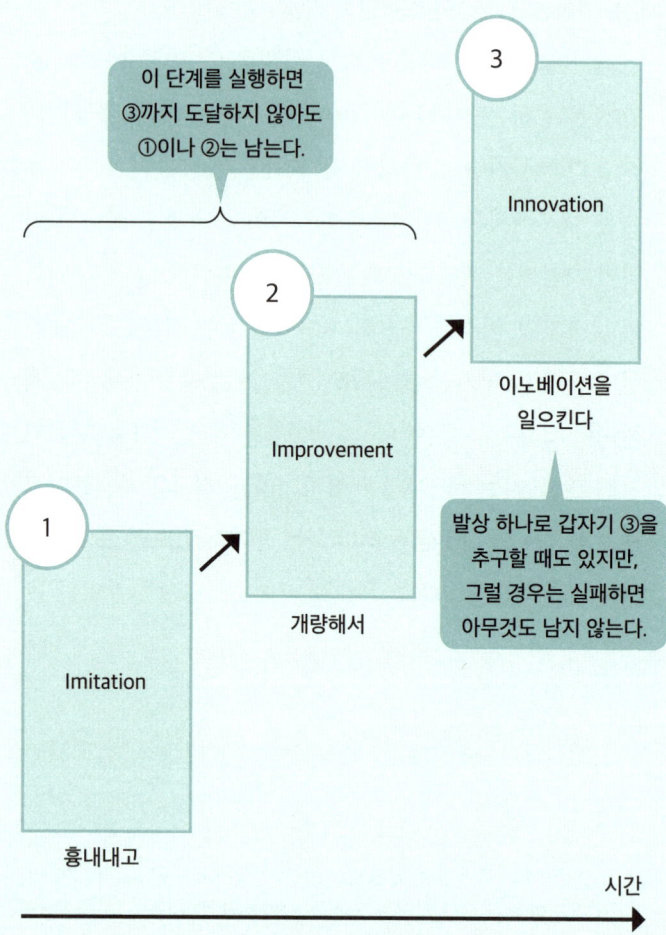

싸울 시장을 스스로 찾아낸 좋은 사례로, 일본 내에서 프랜차이즈 사업을 하는 모 이탈리안 레스토랑을 들 수 있습니다. SNS에서도 여러 논쟁을 일으키는 레스토랑이죠.

이 기업은 많은 음식점이 주문 업무를 디지털화하는 와중에, 시대를 거꾸로 가는 듯한 주문 형식을 채택했습니다.

그건 바로 **손님에게 주문 내용을 종이에 쓰게 하는** 아날로그적 방식이죠. 오늘날과 같은 DX 시대에 여기서는 모든 테이블에 종이와 볼펜이 비치돼 있습니다.

이 기업은 왜 그런 형식을 취하게 된 걸까요. 그저 다른 곳과 차별화된 행동을 하고 싶었던 것일까요.

사실 일본에는 테이블 위에 비치된 주문 패널이나 키오스크를 잘 사용하지 못하는 고객들이 많습니다. 따라서 이 레스토랑은 그런 상황과 가게에 오는 고객층, 인건비나 도입 비용 등을 고려해서 일부러 디지털화로 싸우는 시장에 나서지 않았던 것입니다.

고객이 주문 패널 사용법에 대해 자꾸 묻는다면, 점원이 설명하느라 일할 시간을 빼앗기게 될 뿐이죠. 가게에 오는 고객층을 살핀 결과, 이 가게는 디지털 패널이 아니라 종이와 연필을 채택했습니다. 개인적으로는 테이블 공간도 패널이 없어서 더 넓게 쓸 수 있다는 장점도 보이네요.

그렇다고 이 레스토랑이 일일이 주문 패널 기계를 도입해서 고객 상황을 관찰했던 것도 아닙니다. 터치 패널을 도입한 음식점 등을 찾아가 관찰하고 직접 체험했을 뿐입니다.

현장 체험을 할 때는 본인이 직접 시험하는 환경을 만들 수도 있지만, 이처럼 **이미 외부에 있는 환경을 이용하여 체험하는 것도 가능합니다.** 직접 실험 및 검증을 하지 않아도, 다른 현장에 가봄으로써 그와 동일한 가치를 얻을 수 있죠.

굳이 돈을 들여 PoC*를 하는 기업도 많지만, 사실은 다른 기업의 사례를 조사하거나 본인이 직접 손님으로서 타사의 서비스를 체험하는 걸로 충분할 때도 있습니다. **PoC도 굳이 자사에서 직접 돈을 들여가며 할 필요가 없는 것이죠.**

아까 레스토랑 이야기로 다시 돌아갈까요. ① 많은 음식점에서 사용되는 주문 패널 상태를 관찰합니다. 이 경우, 따라 하는 게 아니라 타사의 정황을 자신의 업체로 치환해서 고려하기 위한 흉내 내기(Imitation)입니다. ② 자사의 고객이나 인건비, 단가 등을 생각한 다음 아날로그적 주문 형식

---

\* Proof of Concept의 약자. 시장에 신기술을 도입하기 전에 성능을 검증하는 것을 뜻한다.

을 취합니다(Improvement). ③ 최종적으로는 그 주문 방식을 도입함으로써 인건비 효율화 분야에서 이노베이션을 일으켰다고 볼 수 있습니다. 게다가 고객 만족도도 떨어트리지 않고요.

또한 이 레스토랑은 또 하나의 독특한 전략을 취했습니다. 그건 바로 **요금 설정**이죠.

일본에서는 98 전략(조금이라도 싸게 보이게끔 예를 들어 2000엔이 아니라 1980엔으로 하는 등)이 당연시되지만, 여기서는 세금 포함 300엔, 세금 포함 500엔처럼 딱딱 끊어지는 숫자로 요금 설정을 합니다.

그 이유가 뭘까요? 그건 가게에 가서 5시간 정도 고객들의 행동을 관찰하면 알 수 있습니다.

직접 답을 들은 건 아니지만, 아마 고객이 무엇을 얼마나 주문했는지 계산하기 쉬워서일 거예요.

우리 회사에서도 그 이유를 찾기 위해 정찰을 나가봤는데 '나눠 내기 편하다.' 이게 바로 우리가 찾아낸 답이었습니다. 이곳은 젊은 층이 자주 이용하는 가게이기도 하고, 가게 내부에서도 필연적으로 "둘이 나누면 얼마지?" 같은 이야기가 나왔습니다.

즉, 여럿이 먹고 나눠서 계산하기 쉽다는 뜻입니다. 고급 레스토랑도 아니니 점심 손님도 많고, 친구끼리 나눠 먹기도 쉽다는 점에서 고객에게 아주 고마운 일이죠.

나눠 내기가 쉬우면 주문하면서도 "하나 더 시킬까?" 같은 대화도 더 많아진다는 걸 실제로 목격하고 나서는 '이 가게, 정말 대단한걸?'이라며 감탄했습니다.

**시장의 고객상을 철저하게 관찰해 싸우는 방식을 선택한다.** 이것이야말로 본래 갖춰야 할 니즈 기점의 포지셔닝 전략 중 하나임을 다시금 깨닫게 됐습니다.

## 성과는 곱셈!

무슨 일이건 간에 DX → 그러기 위해 디지털 분야를 잘 아는 인재 채용 → 몇 년이 지나도 고객을 기쁘게 하지 못함. 바로 이런 일본 기업은 의외로 많습니다(체험담).

그럼 어떻게 해야 내가 싸울 시장을 찾을 수 있을까요?

그 방법은 앞서 언급한 사례처럼 3I의 순서로 **직접 체험해 가설을 세우고, 따라 하고**(진짜 의도는 경쟁 상황을 동일한 수준에서 이해하는 것)**, 더 나아가 개선을 반복해 경험을 쌓아나가는 것입니다.** 그러면서 '혹시 이건?' 하는 이노베이션의 입구가 보이게 되죠.

그 외에도 상황을 단번에 역전시키는 즉흥적 방법도 있지만, 엔터테인먼트 업계가 아닌 산업에서는 자금력이 없으면 그런 '도박'에 도전하는 건 무모한 행동으로 끝날 위험이 큽니다. 그래서 우리 회사에서는 우선 3I 단계를 권장할 때가 많습니다. 다만 어느 정도 방향성을 잡고 나서는 '어쨌든 해보기', '몇 번이나 실패하기', '그리고 개선하기'의 반복입니다.

저는 학창시절에 폐암 메커니즘 해명을 위해 필요한 손상 DNA를 만드는 연구(국제논문에도 게재)를 했는데, 큰 발명이야말로 많은 연구자의 연구 결과가 뒷받침한 덕분에 탄생한다는 것을 깨달았습니다(물론 제가 했던 연구는 누군가 나중에 더 큰 발명을 위해 필요한 기초 연구의 일부겠지만, 그걸 알면서도 열심히 연구했죠. 나 자신이나 담당 교수님이 각광받지 못할 때도 있어요).

다시 본론으로 돌아가겠습니다. 만약 큰 성과를 원한다면 우선 이 장에서 언급한 것처럼 꾸준한 방법으로 수많은 경험을 거쳐보세요.

제가 아는 사실은 '성과란 곱셈'이라는 점입니다.

**'탄탄하고 꾸준한 방법'과 '시도한 횟수'를 곱하는 겁니다.**

이것도 하나의 곱셈입니다.

바로 그런 방법을 찾은 후, 시도하는 횟수를 꾸준히 늘리면 됩니다.

시장을 발견하기 위한 횟수에 제한 따위는 없죠.

그 시장에 접근하기 위한 횟수에도 제한은 없습니다.

우리는 태어나서 지금까지 뭐든 간에 제한과 함께 살아왔습니다. 학교 시험을 보는 횟수, 채용 면접을 보는 횟수. 그러나 공부하거나 복습하는 횟수에는 제한이 없죠. 성과가 나올 때까지의 과정에서 몇 번이나 반복해서 시도할 수 있습니다.

이건 일에서도 마찬가지입니다. 수법을 찾아내 꾸준히 시도합니다. 한 번으로 단정 지으려 하지 말고, 실패에서 돌파구를 찾아내는 거예요. 그리고 재고해서 다시 나아가는 겁니다.

**싸우는 시장을 백발백중으로 찾아내거나 성공하는 일은 불가능합니다.**

지금 당신이 머릿속으로 떠올리는 성공한 인물의 실적도 몇 번의 도전 끝에 겨우 얻은 성과입니다.

그러나 아무리 시장 니즈를 충족했다고 해도 **가격이 맞**

**지 않으면 사람들은 외면합니다.** 이것 역시 잊으면 안 되는 비즈니스 포인트죠.

아무리 추운 겨울이라도 난로가 한 대에 100만 엔이나 한다면 평범한 사람은 절대로 살 수 없습니다.

혹은 당신이 자주 이용하는 온라인 쇼핑몰의 배송료가 1만 엔 이상으로 올라간다면, 아무리 편리하더라도 이용하지 않겠죠.

그뿐만 아니라 집에서 걸어 1분 정도 거리에 슈퍼마켓이 생겨도, 상품 가격이 너무 비싸면 가지 않을 거예요.

즉 **당신이 '대중적인 감각'을 가지고 있느냐**가 중요합니다.

덧붙이자면, 마케팅 기업인 우리 회사는 택시 금지령을 내렸습니다. 세상의 '보통'을 이해하고 싶으면 일상 속에서 직접 수많은 체험을 해봐야 한다고 생각하기 때문입니다. 사장인 저도 원칙적으로 택시 금지입니다.

한번 생각해 보세요.

전문업자에게 청소를 맡기는 집에 사는 사람이 많은 이들이 이용하는 100엔 숍의 편리한 청소 용품을 개발할 수 있을까요?

매일 외식만 하는 사람이 냉동식품 아이디어를 낼 수 있을까요.

　사치스러운 생활을 하지 말라는 뜻으로 하는 말이 아닙니다.

　시장을 움직이기 위해서는 **모집단이 큰 사람들의 '마음'을 이해하는 것**이 제일 중요하고, 이는 마케팅의 필수 조건이라는 말입니다.

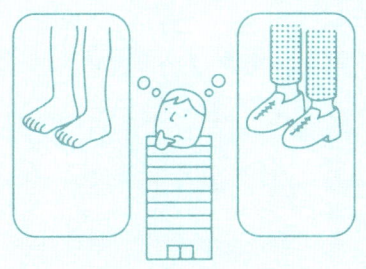

## 생각이 아니라 행동을 질문하라

이 챕터에서는 상대방이 원하는 것을 고려하는
중요성에 대해 설명하겠습니다.
당연하지만, 나와 타인은 다릅니다.
남을 100퍼센트 이해하는 사람은 존재하지 않죠.
그렇지만 추측은 할 수 있어요. 그 추측법에 대해서
마케터 시점을 익힌 다쓰야가 설명하겠습니다.

청소부 아저씨가 청소를 그만둬도, 아저씨는 대단한 사람이니까 그냥 아저씨로 남지 않을 것이다.
하지만 기획부 직원인 내가 기획부를 그만두면…… 분명 평범한 사람이 되겠지.
다쓰야는 갓 대학을 졸업한 신입사원 동기가 회사를 그만두고 독립한다는 소문을 듣고 이런 생각을 했습니다.


"새로운 기획, 퇴짜 맞았어요."

퇴근 후에 나는 평소처럼 휴게실 의자에 앉아 아저씨와 이야기를 나누었다.

"'위에서 좀……', '우리 일이 너무 힘들어질 것 같은데?' 같은 의견을 받았어요."

윗사람들은 아무 생각도 안 하는 주제에. 그때 들었던 말이 머릿속을 스치자 짜증이 솟구쳤다.

"그렇게 의욕 없는 사람이나 근거 없이 부정하는 사람들을 공략해야지. 자네 고객은 두 종류가 있어. 상사와 시장의 고객이지."

아저씨는 손가락 두 개를 펴 내 쪽으로 쑥 내밀었다.

뭐라고? 이 아저씨가 무슨 소리를 하는 거지?

"시장이 요구하는 것을 팔아야 장사가 성립되는 거잖아요. 상사가 좋아한들 시장이 좋아하지 않으면 우리가 일하는 의미가 있겠어요?"

나는 반론을 제기했다. 언제든 우리는 시장의 니즈에 부응해야 한다. 그래야 하지 않나?

"물론 그 말이 옳긴 하지. 그럼 상사한테 뭐라고 말할 거지? '당신은 내 고객이 아니니 가만히 계세요.'라고 할 거야? 그렇게 말해 봤자 자네 손해일걸? 기획팀에서 나가라고 할지도 몰라."

아저씨는 웃으며 등골이 오싹해지는 소리를 했다.

**"그럼 이 세상에 있는 서비스는 모두 상사가 좋아해서 나온 결과인가요?"**

나는 도저히 받아들일 수가 없어서 되물었다.

"그럴지도 모르지. 좋은 세상을 만들려고 일하는 사람은 아주 적거든. 안타까운 일이지만 말이야. 다만, 다들 자기 인생을 사는 것도 버겁다고 하면 이해가 가지 않아? 자네도 나와 처음 만났을 때 딱 그랬는걸. 그러니 그럴 때는 우선 나밖에 생각하지 못하는 사람이 기뻐할 만한 정보를 모아봐."

슬픈 사실이지만, 내 회사 생활을 되돌아보니 정말 아저씨의 말이 맞는 것 같았다. 아니, 나도 전에는 그랬다. 회사의 높은 지위까지 올라가고 싶었던 건 아니지만, 동기들과 비교해서 열등감에 시달렸기 때문이다. 아저씨를 만나기 전까지 고객을 우선으로 따진 적은 조금도 없었다.

그럼 어떻게 하면 그 사람들을 움직이게 할 수 있을까? 아저씨는 내 뒤엉킨 사고 회로가 보이기라도 하는 것처럼 이렇게 물었다.

"질문 하나 할게. 좋은 세상을 만들기 위해 일하는 사람들은 빼고, 일단 **평범한 사람들은 어떤 일로 기뻐할까?**"

"쉽게 일할 수 있거나 월급이 오를 때 아닐까요? 자기가 할 업무 내용이 좀 편하거나 매출이 올라 결과적으로 급여가 오르면 의욕이 생길 것 같은데."라고 나는 내 입장에서 대답해 봤다.

"그래." 아저씨는 답하고 나서 말을 이었다.

"**우선 상사를 기분 좋게 해줘야 해.** 물론 좋은 상사들도 많지. 그렇지만 뭔가 새로운 일을 귀찮게 여기고 하기 싫어하는 사람도 많아. 그런 사람들한테는 그들에게 '유익한 정보'가 아주 효과적이지."

아저씨의 말을 듣고 생각했다. 직원들의 월급이 올라간 다는 건 결과적으로 회사 전체적으로 이익이 증가한다는 뜻이기도 하다. 상사를 기쁘게 한다고 해서 무슨 나쁜 짓을 하는 게 아니었구나.

뭐든지 정면으로 들이쳐서 일이 잘되는 건 아니네. 나는 새삼스럽게 수긍이 됐다.

아저씨는 그런 내 옆얼굴을 들여다보았다. 그러더니 곧 심각한 얼굴로 이런 말을 했다.

"그래도 무슨 이유가 있어서 자네 기획에 퇴짜를 놓는 상사도 있을 거야. 거기에는 그 상사 나름의 여러 가지 생각이 있겠지. 그렇다고 '이 사람은 의욕이 없으니까.'나 '보나 마나 내가 마음에 안 드는 거겠지.' 같은 생각을 하면 안 돼. 남을 깔봐서 좋은 일은 없으니까. 좀 예민하게 구는 것 정도는 괜찮아. 하지만 **남을 얕봐서는 안 돼. 절대로.**"

나는 머뭇거리며 고개를 끄덕일 수밖에 없었다.

굳이 입 밖으로 꺼내지는 않았지만, 의욕도 보이지 않는 사람들을 은근 바보 취급했던 적이 있었다. 나라고 뭐 해낸 것도 없으면서.

15초 정도 침묵이 지났을까. 약간 굳어버린 공기를 휘젓

듯 아저씨의 목소리가 방 안에 울렸다.

"설교는 이 정도로 하고. 난 자네가 좋은 사회를 만들기 위해 일하는 사람으로 살길 바란다 이거야. 그리고 나중에 자네 같은 후배의 질문에 답변해 줄 수 있는 선배가 되면 좋겠어."

후배의 질문에? 나는 아저씨가 궁금한 게 있으면 스스로 조사해 보면 알게 될 거라는 말을 할 줄 알았기에 뜻밖이었다.

"부하 직원이 편하게 질문하고, 상사가 거기에 제대로 답을 알려주는 환경이 가장 이상적이지. 그런 환경이 많아지는 게 좋아. 특히 지금의 일본은 말이야."

아저씨는 말을 계속 이었다.

**"사고방식에서도 '원래 그런가 보다.'라고 생각하면서 일하는 것과 '이런 이유가 있어서.' '이런 과거가 있으니까.'라고**

==생각하며 일하는 건 천지 차이야."==

돌이켜 보면 아저씨는 나한테 뭔가를 가르쳐 줄 때 꼭 이유도 함께 언급했다.

"그러니 그 반대 상황도 마찬가지야. ==부하도 상사가 받아들일 만한 정보를 확실히 준비해야 해.== 상사는 그저 같은 부서 상사만 있는 게 아니거든."

"그러네요. 부장님한테만 아이디어를 이해시키고 끝날 게 아니라 그 위에 있는 사장님까지 납득시켜야 하니까요." 내가 대꾸했다.

조금 목이 말랐다. 나는 자판기에서 커피를 뽑으려 했다.

"잠깐. 특별한 커피를 마시고 싶지 않아? 회사 앞에 아주 맛있는 아이스 커피를 파는 푸드 트럭이 있는데."

"마시고 싶어요!" 그렇게 대답한 순간 늘 바지 주머니에 넣고 다니던 지갑이 없다는 것을 알아차렸다.

"그냥은 안 사줄 거야." 아저씨가 말했다.

"지금부터 자네는 회사 앞에서 장사를 시작한 커피 회사의 기획부 직원이야. 자네는 상사에게 이 회사 근처에서 아이스 커피를 팔면 매상이 뛸 거라는 주장을 해서 설득하고 싶어. 자, 그럼 어떤 정보가 필요할까? 근거나 데이터를 준비해 봐."

"아, 알겠어요!" 긴장 때문인지 더 목이 탔다. 나는 메모장에 이유가 될 만한 근거를 적기도 하고, 스마트폰으로 필요한 데이터를 찾아보기도 했다.

그러는 사이에 아저씨는 휴게실 창문에서 커피를 파는 푸드 트럭을 내려다보았다.

"다 했어요!"
"오오, 어디 보자!"
어쩐지 지금까지 배웠던 것의 총 복습 같다. 꼭 시험이라도 보는 기분이다. 나는 조금 긴장하면서 설명을 시작했다.

"○○사 건물 앞에서 아이스 커피를 팔면 좋겠습니다. 그러면 매출도 상승할 것으로 보입니다. 여기에는 세 가지 이유가 있습니다. 첫 번째, 사람은 더우면 몸의 열기를 식히기 위해 차가운 음료를 마시려 합니다. 여름에 차가운 음료가 팔릴 수밖에 없죠. 반대로 몸이 차가워지면 따뜻한 음료를 마시고 싶어집니다. 이게 바로…… 관련 데이터입니다."

나는 스마트폰으로 계절별 음료 판매 현황을 제시하는 그래프를 아저씨한테 보여주었다.

"두 번째, 직장인들은 커피를 마실 확률이 높습니다." 업무 중에 커피를 마시는 사람의 비율 그래프를 표시했다.

"세 번째, 이 회사 건물은 역에서 멀리 떨어져 있어서 주변에 가게가 적습니다. 무엇을 사려면 자판기나 좀 더 걸어서 편의점에 가는 수밖에 없습니다. 여기까지가 이유입니다."

"이야, 이게 웬일이야? 예전에 자판기 앞에서 풀 죽었을 때와는 아주 딴판인걸?" 아저씨는 조금 놀란 얼굴로 나를 바라보았다.

"설명할 때 필요한 '데이터'가 뭔지 이제 좀 알 것 같아요. **너무 많이 알면 바보가 된다**고 아저씨가 그랬잖아요."

사실은 커피에 관한 설문조사 등을 준비해서 '사람들은 왜 여름이 되면 아이스 커피를 마시는 것 같나요?' 같은 데이터나 '왜 회사원은 커피를 마시는 것 같나요?' 같은 데이터를 참조하려고 했다. 그러나 아저씨는 이런 데이터는 필요 없다고 말할 것 같았다. 왜냐하면 이런 데이터는 **'행동'이 아니라 '의식'을 중심으로 하기 때문**이다.

실제 행동이 아니라 사람들의 인식을 들어봤자, 그건 어디까지나 생각에 불과하다.

사실에 기반하지 않은 데이터는 고객이 기뻐할 만한 '사실'과는 거리가 멀다. 한마디로 **고객이 '기뻐하겠지'라는 우리의 오만한 추측에 기초해서 만들어 낸 데이터**라 볼 수 있다.

예를 들어서 개를 키우는 사람에게 '왜 개가 산책을 좋아할까요?'라고 묻는 것보다 '산책 나가는 날과 나가지 않는 날, 개의 상태는 어떻게 다른가요?'라고 묻는 것이 더 사실에 근거한 데이터를 얻기 쉬울 것이다.

"주장의 이유로 쓰는 데이터는 복잡하고 뭔가 있어 보이는 숫자를 쓰는 편이 신뢰할 만할 거라고 여겨지지만, 실제로 현장을 보니 **데이터나 이유는 단순한 편이 좋다**는 걸 알게 됐어요."

나는 조금 뿌듯한 얼굴로 아저씨를 쳐다봤다.

"그러니까 아저씨, 아이스 커피 사주기예요?"

"자네……."

아저씨가 감동했나? 신이 나서 살짝 가슴이 두근거렸다.

"지갑 안 가져왔지?"

"……아, 들켰네요."

"딱 봐도 티가 나는데 뭘. 그래, 오늘 날씨도 더우니 내가 사지."

한 손에 아이스 커피를 들고 아저씨와 걸었다.

"이제 지금까지 공부했던 걸 제법 잘 살리네."

"다 아저씨 덕분이에요. 감사합니다." 하지만 아직도 배우고 싶은 게 많다.

봄의 시작을 알리는 기분 좋은 바람이 우리에게 불어왔다.

"왜 회사원들은 커피를 마실까?" 아저씨가 물었다.

"다들 마시니까? 저 일 잘하는 ○○ 부장님이 커피를 마시네! 멋있어 보이니까 나도 마셔야지, 뭐 그런 거요.

"물론 그런 것도 이유는 되겠지." 아저씨는 웃으며 말했다.

'마케팅은 재능 있는 사람만 할 수 있다.'라는 얼마 전 내가 했던 말을 머릿속으로 떠올렸다. 이 세상에는 아저씨를 처음 만났을 때 마케팅에 대해서는 아무것도 몰랐던 나 같은 사람이 많을 것 같다.

"선물을 하나 줄게."

"아니, 그러지 않으셔도 돼요." 난 늘 아저씨한테 받기만 한다.

"물건을 주려는 게 아니야. 지금까지 내가 들었던 말을 선물할게."

아저씨는 손가락을 꼽아 들며 이야기를 시작했다.

"그런 게 유행할 리 없다. 그런 게 어떻게 가능하냐. 결국 돈은 못 이긴다. 정론만 말하지 마라. 사람들한테 별별 소리를 다 들었어. 하지만 그런 사람일수록 소비자의 심정을 이해하지 못하는 생활을 할 때가 많지. 그런 사람들한테는 이렇게 말해줘. 고급 주택에 사는 당신네 부자들이 어떻게 평범한 사람의 심정을 알겠냐!"

아저씨가 큰 목소리로 외쳤다. 푸드 트럭 직원이 이쪽을 쳐다본다. 어휴, 아저씨도 참, 부끄럽게.

아저씨는 헛기침한 후 말을 이었다.

"평범한 이의 심정을 이해 못하는 사람은 마케팅을 할 수 없어. 마켓을 '잉'한다, 다시 말해 대중을 움직이려면 대중의 마음을 제대로 파악해야 해."

갈림길이 보이자 아저씨는 말했다.

"이제 더는 가르칠 게 없어."

갑자기 무슨 소리를 하는 건지. 어떻게 대답하면 좋을지 망설이는데, 아저씨가 입을 열었다.

"라는 건 농담이고, 그냥 이런 말 좀 해보고 싶었던 것뿐이야. 가르쳐 줄 것이야 아직 있지만, 자네는 그걸 자기 힘으로 찾아낼 능력이 생겼으니까 앞으로 스스로에게 가르쳐 주도록 해. **자꾸 보조 바퀴를 달고 다니면 아무리 시간이 지나도 두 발 자전거는 탈 수 없거든.**"

아저씨의 말이 마치 세수하다가 비눗물이 눈에 들어간 것처럼, 아니 편의점에서 안 팔리고 남은 오뎅 국물 속 무를 먹었을 때 느끼는 후끈함처럼 몸에 스몄다.

"알겠어요." 나는 아저씨의 반대 방향으로 걸어갔다.

멀리서 목소리가 들렸다. 아저씨가 나를 불렀다. 뒤를 돌아보니 아저씨가 큰 목소리로 이렇게 말했다.

"마지막으로 질문! **난 평범하다고 생각하는 콤플렉스가 정말 콤플렉스일까?**"

그럼 난 가네, 하고 아저씨가 떠나갔다. 이게 마지막인가?

그날을 마지막으로 늘 휴게실만 가도 만날 수 있었던 아저씨를 보는 일은 없어졌다. 나는 휴게실 의자에 이런 글이 적힌 메모지를 발견했다.

'핼러윈을 퍼트린 사람처럼 대단한 인물이 되면 꼭 재미있는 모임에 자네를 초대할게. 또 보자고.'

## STUDY

### '상대가 원하는 것'에만 답한다

여러분은 오랜만에 만난 친구가 보험 가입 권유를 한다면 어떤 기분이 들까요?

오랜만에 만난 친구와 여러 이야기를 하고 싶었을 거예요. 그런데 그 친구는 나한테 보험을 팔려고만 한다면……. 어쩐지 배신당한 기분이 들지 않을까요?

그 이유는 당신의 니즈와 친구의 행동이 일치하지 않아서 언짢은 기분이 들기 때문입니다.

당연한 일이지만, **내가 아무리 좋다고 해도 상대방에게 필요한 것이 아니라면**(상대가 원하지 않는다면) **거기에는 아무런 가치가 없습니다.**

책을 읽고 싶지 않을 때, 누군가가 책을 추천하더라도 '나 좀 내버려 둬.'라는 생각이 들지 않나요? (저는 그렇습니다.)

저는 이런 보험 권유 같은 '불일치'는 '비즈니스 현장에서도 흔히 있는 일'이라고 봅니다(예를 들어 신규 사업 개발이나 신상품 기획 현장에서). 좀 이상하죠? 5장에서도 언급했던 것처럼 기업은 새로운 사업을 시작할 때 어떤 가설을 세워

싸울 시장을 찾고, 미리 시장 조사를 합니다.

바꿔 말하자면, 거기에 니즈가 있을 가능성이 크다고 의식했기에 신규 사업 개발이나 상품 기획 등을 한다는 뜻입니다. 그런데도 막상 뚜껑을 열어보면 그곳에 니즈는 존재하지 않았던 겁니다. 고객이 원하는 것과 전혀 다른 것을 만들어 내는 일은 의외로 비일비재합니다.

이러한 일이 발생하는 원인은 두 가지가 있습니다.

**① 니즈가 전혀 달랐다.**
**② 조사 방식이 잘못됐다.**

①에 대해서는 챕터 4, 5장에서 중복되는 부분이 있으니 ②에 대해서 설명하겠습니다.


## 아무것도 창조하지 못하는 사람이 부딪히는 시장 조사의 벽

그 전에 하나 확인해 보겠습니다. 시장 조사를 왜 하는지 아시나요?

만약 '사람들에게 어떤 니즈가 있는가?'를 확인하기 위해서라고 생각한다면 그건 오답입니다.

   니즈 정도는 최소한 평소 생활에서 오감으로 이해해야 합니다. (제 경험으로 보자면, 시장 조사를 해서 고객 니즈를 파악하려는 사람은 절대로 마케팅에 적합하지 않습니다.)

   니즈를 파악하고 나서 시장 조사가 필요하다면 해봅니다. 그럴 경우, 시장 조사의 목적은 **'내가 세운 가설이 옳은지'**를 확인하기 위해서입니다.

   또한 시장 조사를 하는 방법에서도 몇 가지 주의가 필요합니다.

   먼저 첫 번째는 **정보를 묻는 방법**입니다. 사람들로부터 취해야 할 정보를 묻는 방법입니다.

   시장 조사로 **편하게 깨달음을 얻으려 하면, 딱 그 정도의 마케팅밖에 할 수 없습니다.** 챕터 4에서도 설명했듯 깨달음과 니즈의 힌트(가설)는 직접 현지에서 현물을 보고 얻을 수 있습니다.

   몇 번이나 반복하지만, 시장 조사의 목적은 스스로 직접 세운 가설이 옳은지 그 여부를 확인하는 데 있습니다.

   그러기 위해 중요 포인트를 소개하겠습니다.

   바로 **'의식이 아니라 사실을'**이라는 한마디입니다.

이 세상에서 이뤄지는 의식 조사는 대체 무엇을 위한 것일까요? 저는 잘 모르겠습니다.

예를 들어, 어느 지역에서 쓰레기 줍기와 뮤지션 라이브를 합친 이벤트를 기획한다고 합시다.

우선 사람들에게 그런 행사에 대한 강렬한 니즈가 있는지, 그리고 니즈의 모집단이 큰지도 포함해서 검증해야 합니다.

그리고 조사 회사에 의뢰해서 사람들이 어떻게 생각하는지 의식 조사를 한다고 칩시다.

우선 사람들의 쓰레기를 아무렇게 버리는 행위에 대한 관심도를 묻고 이벤트 니즈가 있는지 알아봅니다.

의식 조사이므로 '쓰레기를 아무렇게나 버리는 것을 나쁘다고 생각하나요?'라고 질문했다고 합시다.

아마 대다수가 '나쁜 일이다.'라고 대답하겠죠. 경영 컨설턴트로 일하는 제가 자주 접하는 일인데, 의식 조사를 이처럼 무슨 검문이라도 하는 것처럼 제시해서 많은 이들이 '쓰레기 줍기 이벤트를 찬성한다.'라는 논리로 비약하는 경우를 수없이 봤습니다(이런 패턴이 아주 잦아요).

그럼 이 쓰레기 줍기 이벤트의 경우, 어떤 식으로 조사해야 할까요? 사실 여기에는 좋은 질문 방식과 나쁜 질문 방식이 있습니다.

우선 '쓰레기 줍기 이벤트에 참가하고 싶으신가요?', 사실 이 질문으로 실태를 파악하기에는 아직 힘이 부족합니다. 더 치밀하게 정보를 확실히 포착하려면 '당신은 최근 2년 동안 쓰레기 줍기 이벤트에 참가한 적이 있으신가요?' 등의 사실 확인 질문을 던지는 것이 더욱 효과적이에요.

**사실(행동 결과)을 이기는 논거는 없습니다.**
능력 있는 마케터일수록 사실 확인을 합니다. 저는 의식 확인 행위를 하는 마케터는 비즈니스 세계에서는 '약하다.'라고 봅니다.

또한 다른 시점에서 보자면, 생각만 하고 행동으로 옮기지 않으면 결국 행동하지 않는 것과 마찬가지입니다. 그럴 때는 강한 니즈가 존재하지 않는다고 해석할 수도 있습니다.

만약 니즈가 얼마나 강한지, 모집단의 수를 확인하기 위해 정보를 얻어내려 한다면 '평소 당신은 길가에 떨어져 있는 쓰레기를 줍나요?' 같은 질문이 더 단순하고 정확합니다. **의식이 아니라 쓰레기를 줍는다는 사실에 기초한 정보를** 얻을 수 있죠. 즉, 쓰레기 줍기 등의 이벤트를 기획하기 위한 적절한 정보를 얻기 쉬워집니다.

# 흔히 실수하는 설문 조사의 예

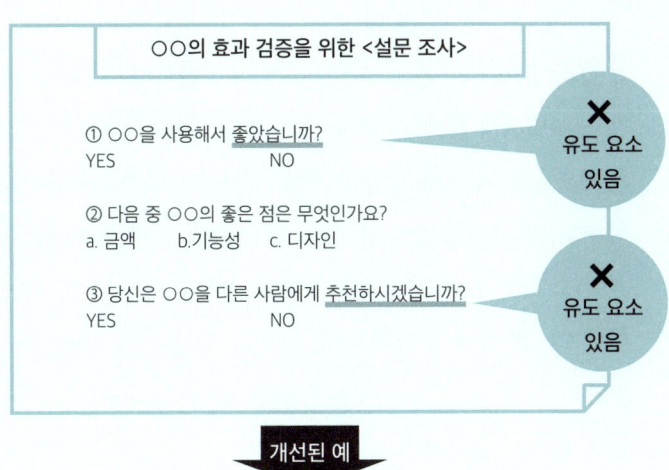

## 평소 우리의 사고방식은 상상한 것보다 훨씬 편향적이다

그러나 이것만 가지고서는 아직 부족합니다. 정보 수집은 **그 방법까지 고려**해야 하죠.

예를 들어서 조사 방법 중에는 한 자리에 여러 사람을 모아두고 하는 그룹 인터뷰 등이 있습니다. 방금 전의 예로 보자면, 처음 보는 여러 사람을 그룹화하고 그 자리에서만 이뤄지는 한정적인 시간 안에 '당신은 길가에 떨어져 있는 쓰레기를 줍나요?'라는 질문을 하는 겁니다. 과연 솔직한 답을 얻을 수 있을까요?

사람은 누구나 자신을 조금이라도 좋게 보이게 하고 싶다거나 나쁘게 보일 필요는 없다는 의식도 작용할 테니, 오히려 표면적인 태도와 본심을 구분하게 되지 않을까요.

물론 그룹 인터뷰를 부정하냐는 반박도 이해가 갑니다. 그렇지만 그룹 인터뷰 중에서 '당신은 불륜을 저지른 적 있습니까?'라는 질문에 솔직히 대답하는 사람이 몇 퍼센트나 될까요?

이해하기 어렵다면, '당신은 약물 복용을 합니까?'라는 질문으로 바꿔 생각해 봐도 괜찮습니다.

**그룹 인터뷰라는 형식에는 어떠한 편견이 작용합니다.** 질문이 깊든지 얕든지 간에, 그 누구도 위험을 감수하면서까지 솔직하게 대답하진 않죠.

기업 마케팅부는 대개 그러한 조사를 아무렇지도 않게 하는데, 저는 그런 광경을 볼 때마다 '이 회사 정말 괜찮을까?'라는 생각에 심각해집니다(물론 굳이 말은 안 하지만).

그럼 질문을 바꿔보겠습니다.

만약 당신이 별로 친하지 않은 동료 앞에서 '당신은 상사를 존경합니까?'라는 질문을 받는다면 어떻게 대답하겠습니까?

그 상사를 진심으로 존경할 수도 있지만, 만약 그렇지 않다고 하더라도 자기 본심과는 반대되는 대답을 할 수 있지 않을까요. 바로 그런 것입니다.

이러한 수집 방법으로 모은 정보를 논거로 새로운 서비스나 사업을 개발한다 하더라도 **시장에서 성공을 거둘 수는 없습니다.** 사실에 기반한 정보가 아니기 때문이죠.

그러나 이런 가짜 정보도 그래프나 표로 깔끔하게 정리해 놓으면 멋지게 보이죠? 하지만 그건 멋지기만 하지 실제로는 아무 의미도 없는 정보일 때가 더 많습니다(경험담).

그리고 이게 '○○종합연구소' 같은 싱크탱크나 외국계 컨설팅 회사가 시행해서 나온 조사 결과라면 어떨까요? 네

임 밸류에 낚여서 금세 '정말 그렇구나.' 하고 진지하게 다 알겠다는 표정을 짓는 명문대 출신 대기업 직원을 저는 수도 없이 봐왔습니다. 그야말로 '이제 일본은 한물갔다.'라는 말이 절로 떠오르는 상황입니다.

## 편견을 만들어 내는 것

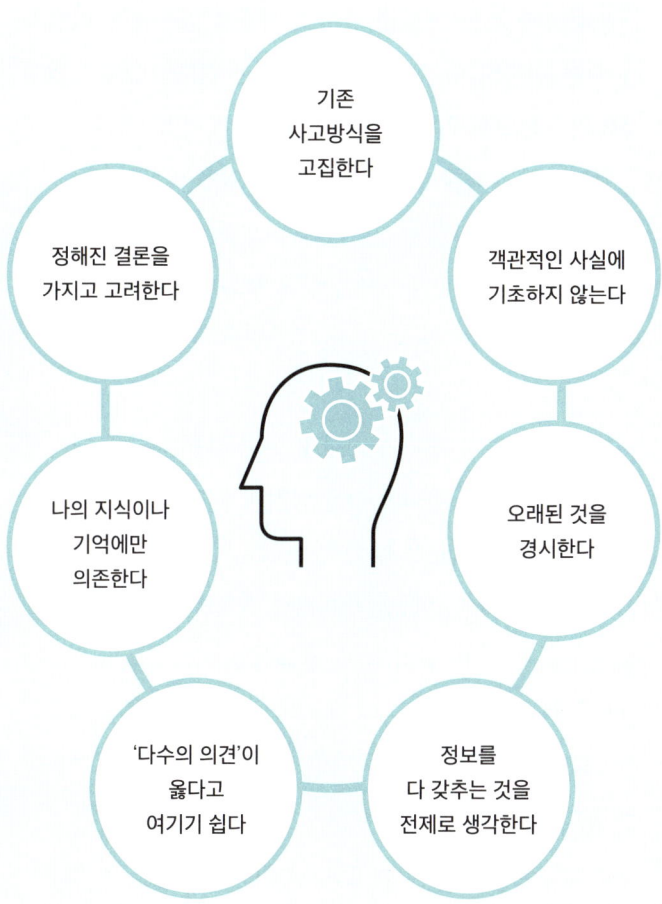

이 책을 읽는 여러분은 그런 정보를 봤을 때 **"그래서 뭐 어쩌라고?"** 말하며 따질 수 있는 사람이 되면 좋겠습니다.

누군가가 모은 정보를 가지고 허점을 잡아내는 비평가가 되라는 뜻이 아닙니다. **가치가 있는 정보와 그렇지 않은 것을 자기 눈으로 구분할 줄 알길** 바라는 것이죠.

압도적인 성과를 내고 싶다면 모든 일을 의심하세요.

그러기 위해 지금 내가 이용하는 서비스가 어떤 조사를 기초로 개발된 것인지까지 상상해 보는 것도 좋은 방법입니다.

예를 들어서 유아차. 누구한테 어떤 질문을 해서 개발된 것일까요. '당신은 자기 아이를 다치게 하고 싶지 않다고 생각하나요?'라는 질문을 할 수는 없겠죠.

때를 잘 제거하는 세탁 세제라면, 누구한테 어떤 질문을 했을까요. '당신은 옷의 때를 깔끔하게 빼고 싶나요?'라는 질문은 하지 않았을 겁니다.

오해하지 않도록 덧붙이자면, 저는 시장 조사가 나쁘다는 뜻으로 하는 말이 아닙니다.

조사할 타이밍과 사용법을 의식하길 바라는 의미에서 말씀드린 겁니다.

그리고 질문 내용과 그 답변에 대한 반응을 통해 이를 대하는 사람의 능력을 판별할 수 있으면 좋겠습니다. 질문하는 사람이 마케팅 능력을 가졌는지 판단해 보는 거죠.

## '시작 지점'은 어디까지나 상대방

지금까지 정보 수집법과 정보를 가늠하는 법을 소개했는데, 독자 여러분들로부터 이런 목소리가 들려올 것 같습니다.

"좋은 정보를 모아서 고객 니즈에 맞춘 기획을 세워도, 결국 상사 마음에 안 들면 아무 의미가 없다. 왜냐하면 상사가 받아들이지 않으면 기획 통과는 어려우니까."

당신은 고민할 것입니다. 어떻게 하면 상사의 낯빛을 살피지 않고 시장이 원하는 것을 제공할 수 있을까, 하고요.

결론부터 말하자면, 정론만으로 승부를 걸어봤자 소용없습니다. **상사의 낯빛은 많이 살피는 게 좋습니다.**

"뭐라고? 무슨 소리를 하는 거지?" 하는 소리가 들리네요.
지금 다시 한번 말하겠습니다.
의식이 아니라 사실을.
그리고 당당하게 회사 내 사람들의 낯빛을 살피세요.

왜냐하면 세상에는 이타적 본질주의인 사람만이 아니라 인정 욕구로 가득 찬 사람도 많기 때문입니다.

이는 제가 시장 조사를 한 결과, 즉 사실입니다(역사만 공부해도 알 수 있어요). '낯빛 살피는 능력', '기획을 통과시키는 능력'은 상관관계가 있어 보입니다.

안타깝게도 직장인 모두가 더 좋은 세상을 만들기 위해 일하는 건 아닙니다.

자기희생을 하면서까지 진심으로 좋은 사회를 만들려고 일하는 사람도 분명 존재하죠. 제가 느끼기에는 한 20퍼센트 정도 될까요. **나머지는 자기 지위나 명예, 혹은 보수적인 이유**(안정적으로 돈만 받을 수 있으면 된다)**를 우선하여 일하는** 사람이 대부분일 것 같습니다. 저는 그 상태를 부정하려는 것도 아니고, 비관하지도 않습니다. 어쩌면 인간은 아주 오래전부터 그렇지 않았을까요.

아마도 나이를 먹을수록 그런 경향이 강해지는 듯합니다. 저도 젊었을 때보다 조금씩 그런 기미가 강해지는 것 같다는 자각이 들곤 해요.

따라서 만약 당신이 열의와 어떤 마음을 가지고 사회를 더 좋은 방향으로 개혁하고 싶다면, 이 '위험을 감수하고 싶지 않다는 무리'까지 내 편으로 만들어 개혁을 해내야 합니다.

이런 사람들을 피해 기획을 통과시키는 것은 불가능합니다. 저도 이걸 이해하는 데까지 상당한 시간이 걸렸지만, 그래도 받아들일 수밖에 없는 진리라고 생각합니다.

한편 **당신이 그 관문(결재자)도 공략하지 못한다면, 그보다 멀리 있는 고객의 마음을 사로잡는 마케팅은 할 수도 없을 것**입니다.

즉, 그 어떤 국면에서도 아양을 떠는 게 아니라 **'상대방이 무엇을 원하는지 생각하는'** 것이야말로 꼭 필요합니다. 이건 마케터만이 아니라 비즈니스 세계라면 누구에게든 통용됩니다.

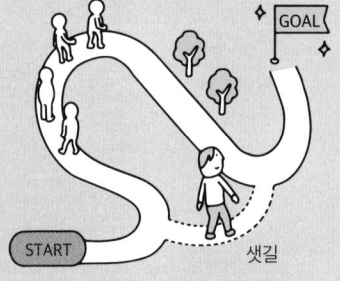

## 샛길 찾기

이 챕터에서는 싸우는 '경기장'에 대해 이야기하겠습니다.
프랑스 요리 분야에서 인기가 높은 셰프가 만드는 고급 요리보다
어머니가 만드는 요리가 '좋아하는 요리' 순위에 오르는
이유는 무엇일까요.
여러분 주변에서도 경기장 밖 싸움이 펼쳐졌을지 모릅니다.

> 아저씨와 갑작스럽게 작별한 후 세월이 흘러, 이제 다쓰야는 상품기획부 부장이 됐습니다. 그는 무엇을 배우고 무엇을 실행하며 살아왔을까요.

결국 청소부 아저씨의 정체는 알지도 못한 채 25년이 지났다. 그렇다. 나이 먹을 대로 먹은 회사원이 주택 융자를 다 갚을 정도의 세월이 지나버렸다.

그 시절 이후 일본에는 전동 킥보드 전용 도로가 생겼고, 종신고용제도가 완전히 붕괴됐고, 뭐가 뭔지 알 수 없는 신기한 맛이 나는 커피가 유행하기도 했다.

'지명도는 낮지만 카페인 양이라면 지지 않는다. 카페 음료, 옥로'

도심 한가운데 대형 빌딩의 큰 전광판에 투명한 유리 같은 소재를 사용한 음료 광고가 떠 있다.

"부장님, 지금 질문 들으셨어요?" 부하 직원이 나한테 물었다.

"아아, 죄송합니다. 잠시 멍했네요. 그래, 어디까지 얘기했죠?"

"음료 시장 동향의 변화에 관해서입니다." 취재 기자가 말했다. "지금은 커피나 영양 드링크보다 옥로차가 음료 시장 점유율이 높죠. 직장인들은 커피, 대학생은 영양 드링크를 마신다는 유행 속에서, 새롭게 옥로차 음료를 출시한 이유가 무엇이죠?"

"사람들의 '인사이트'에 착안점을 뒀기 때문입니다. 집중하고 싶은 사람이나 잠을 쫓고 싶은 사람 등 각자 이유가 있어 카페인이 들어간 음료를 마시잖아요? 그렇지만 커피나 달달한 에너지 드링크를 마시면 치아 착색이나 충치가 생겨서 고민하는 사람이 많더라고요. 그리고 그렇게 잠을 쫓으면서 뭔가를 열심히 하는 사람은 건강 관리를 소홀히 할 때가 많아서 차의 성분인 카테킨을 질병 예방을 위해 잘 활용하자는 생각을 했습니다. '충치도 안 생기고, 치아 착색도 예방하고, 하는 김에 건강 관리도 가능한 카페인 음료는 없을까?' 하고요. 그때 카페인 양도 많으면서 카테킨 성분이 풍부한 옥로차에 주목하게 됐습니다."

그때 이후 나는 아저씨한테 배운 마케팅 사고법을 가지고 기획부에서 히트 상품을 내는 데 성공했다. 여기까지 오는 데 상당한 시간이 걸리긴 했지만 말이다.

2년 전에는 음료 제조회사와 함께 새로운 음료 상품 기획에 착수했고, 이게 대박을 쳤다. 지금은 어느 가게에서나 보일 정도로 사람들이 많이 소비하는 '옥로'다. 지금은 그 상품에 대해 인터뷰를 하러 온 기자와 이야기하는 중이다.

"새로운 문화를 만들기 위해 필요한 것이 무엇이라고 생각하세요?" 기자가 물었다.

"지금의 **문화를 체험**하고 이해하는 일입니다. 예를 들어 2월 14일 밸런타인데이라는 문화를 '독서의 날'로 바꾸는 건 아마 어렵겠지만, 일단 먼저 사람들이 밸런타인데이에 어떤 식으로 시간을 보내는지를 살펴봐야 합니다. 그렇게 직접 체험해 봐야 하죠."

"그럼 상품 개발에서 중요한 건 무엇일까요?"

"조사 전문 회사에 의뢰하는 것보다 우선 **시장의, 생생한 진짜 목소리를 듣는 게** 중요하다고 봅니다."

지금도 예전에 아저씨가 했던 말이 머릿속에 생생하다.

"이번 상품의 콘셉트를 알려주세요."

나는 씩 웃으며 대답했다.

"한마디로 말해서 자학, 스스로를 학대하는 것입니다. 비합리성을 의식했거든요. 예를 들어서 편의점에서 '발주 실수를 했습니다. 물건 좀 사주세요.'라고 하는 트윗이 올라오곤 하잖아요? 그것도 굉장한 마케팅이거든요. 카페인이 다량 함유된 음료는 기본적으로 가격이 높습니다. 게다가 옥로차는 원가도 매우 비싼 편이죠. 카페인 음료 분야에서는 커피와 에너지 드링크라는 양대 산맥이 있음에도 굳이 그 세계에 차 음료로 뛰어들려 하다니 무모하긴 해요. 하지만 그렇기에 기획에 약점을 내세웠습니다. 또한 **차는 집에서도 마실 수 있고, 자판기 음료보다 싸다**는 기존 고객의 인사이트를 알게 됐죠. 그래서 기왕이면 자판기에서 살 수밖에 없는 이유가 꼭 필요했습니다."

예를 들어서, 프랑스 요리 셰프와 내가 요리 대결을 한다면 이길 수는 없다. 푸아그라 어쩌고 하는 상품을 낸 옆에서 내가 내키는 대로 만든 파스타를 내 봤자 이길 턱이 없을 것이다. 그러니 아예 경기장에서 빠져야 한다. 차라리 날달걀 덮밥을 가지고 승부에 나서는 게 나을 것이다. 바로 그런 사고방식이 필요했다.

이 캠페인은 카페인 소비량이 높은 학생들을 대상으로 수업 전에 음료 무료 배포부터 시작했다. 에너지 드링크나 멋스러운 커피가 유행하는 학생들에게 옥로차를 줘봤자 상품에 대한 기대치는 낮을 뿐이다.

'공짜로 받을 수 있으니 좋다.' 정도밖에 생각이 없을 것이다. 그렇지만 **기대치가 낮을수록 오히려 나중에 올라가는 수준이 더 큰 법**이다. 그 반대도 물론이고 말이다. 아저씨한테 그렇게 배웠다.

대학생들에게는 '이 상품 관련 글은 SNS에 올리지 마세요.'라고 가볍게 말만 던져뒀다. 그리고 강의 담당 교수에게 양해를 구하고 음료 시연회를 선보였다.

수업 끝에는 인기 가수를 불러 게릴라 라이브와 이벤트 촬영을 했고, 그 영상을 광고에 사용했다.

대학생들은 인기 스타의 등장에 기분이 들떠서 SNS에 올리지 말라는 부탁은 들은 척도 하지 않았다.

금세 옥로차 음료가 잘 팔리게 됐다. 같은 해에 나온 〈같은 장소에서 싸우라고 누가 정했나〉라는 노래도 대박을 쳤다.

아, 이러고 있을 때가 아니네. 지금 인터뷰 중이었지. 상품 기획을 하는 데 제일 중요한 것은? 이라는 질문을 받았다.

"**대중의 마음을 이해하는 것**입니다. 제가 고급 주택에 살며 외제차만 타고 식사는 전부 고급 레스토랑에서 하면 어떨까요? 지금까지의 기획은 생각조차 할 수 없었을 것입니다."

나는 잠시 말을 끊었다가 다시 이야기했다.

"잠시 다른 얘기를 하자면, 저는 예전부터 나만의 개성을 살려 기획을 만들지 못해 콤플렉스가 많았습니다. 평범한 제가 싫었죠. 그렇지만 그건 얼핏 약점으로 보여도 기획부에서 상품을 만들거나 진정한 마케팅을 하는 데 필수 불가결한 개성이었습니다. 평범한 사람인 저니까 평범한 사람의 심정을 이해할 수 있었죠."

"자네가 평범하다고 고민하는 그 콤플렉스가 정말 콤플렉스일까?"


지금에야 아저씨의 말이 이해가 간다.

"마지막으로…… 감사드리고 싶은 사람이 있나요?" 기자가 물었다.

"입사 3년 차 때 만났던 청소부 아저씨입니다."

내가 웃으며 대답하자 주변 사람들이 깜짝 놀랐다.

인터뷰가 끝나자, 창밖으로 하늘에 짙게 깔린 노을이 보였다.

부하 직원이 인터뷰를 끝내고 가려는 기자를 붙잡았다. "아, 여기, 저희 회사 상품 받아가세요. 그리고 이전에 안내 드렸던 대로 오늘은 특별한 파티가 열리니까 꼭 참석해 주세요. 이따 뵙겠습니다."


그날 밤, 파티장에 도착하니 100명 정도 되는 사람들이 모여 있었다. 어쩐지 신기한 기분이 들었다. 정장을 입은 사람은 나밖에 없었다.

'새로운 문화를 창조한 사람들 모임'이라니, 엄청난 이름이다.

혹시 내가 장소를 잘못 찾은 건가 해서 돌아가려고 하자 "잠깐만요."라며 누가 붙들었다. 뒤를 돌아보니 낮에 만난 기자였다.

"파티장은 여기가 맞아요." 기자가 말했다.

"그렇군요. 근데 어쩐지 개성적인 분들이 참 많아 보이네요." 웃으며 주변을 둘러보았다.

그중에서도 제일 눈에 띄는 인물은 피에로 복장을 한 남자였다. 솔직히 워낙 사람들 복장이 다양해서 저 피에로가 파티 참석자인지 행사 이벤트를 위해 고용된 사람인지 구분이 되지 않았다.

파티에는 큰 인기를 얻은 광고 카피를 쓴 사람부터 절약 문화를 퍼트린 사람까지 다양한 인사들이 초대된 것 같았다.

나는 피에로를 손가락으로 가리키면서 "저분은 뭘 하신 분인가요?"라고 물었다. 기자는 "저분은…… 뭐라고 해야 하지? 좀 특이한 분인데. '이것저것'을 널리 알리신 분이라고나 할까요."라고 대답했다. 내가 보기에는 여기에는 다 특이한 사람만 있는데.

파티 시작 시간이 되자, 사회자의 목소리가 울렸다. "오늘을 기념하기 위해 핼러윈을 비롯해 다양한 사회 문화를 퍼트리신 게스트 한 분을 모셨습니다."

회장이 술렁거렸다. 그러자 피에로 복장을 한 남자가 인사를 했다.

"네, 오늘은 핼러윈의 가장 문화와 사람들의 감정 변화에 대해 이야기해 볼까요. 우선 마케팅이란 광고를 어떻게 만들지, 사진을 어떻게 찍을지를 고민하는 게 다가 아닙니다. 더 근본적으로 사람의 마음을……. 아니, 됐고. 이런 얘기 따분하시죠? 잠시만요."

그렇게 말하며, 피에로는 회장 밖으로 나갔다.

뭐 저런 종잡을 수 없는 사람이 다 있지? 나는 어쩐지 입사 3년 차 때 아무것도 몰랐던 나 자신이 다시 생각났다.

잠시 후, 피에로가 돌아왔다.

"기다리시게 해서 죄송합니다. 잠시 저기 있는 자판기에서 이걸 좀 사 왔습니다."

피에로는 캔 커피를 손에 들고 회장 안의 사람들에게 보여주었다.

"'그리운 느낌'이 들지 않습니까? 요즘 시대에 캔 커피라니. 요즘은 '옥로'가 대세인데 말이죠. **그리워한다는 건 지금**

**은 그 문화가 없거나 혹은 흐려졌다는 뜻**입니다. 오늘은 한때 제가 캔 커피를 마시는 문화를 유행시켰던 시절의 이야기를 해보겠습니다."

커피 문화라고?

**"왜 회사원들은 커피를 마실까?"**

그날 아저씨의 말이 머릿속에서 되살아났다.

"한때 자판기가 보급된 지 얼마 안 됐을 때, 저는 자판기 영업을 했습니다. 하지만 전혀 팔릴 기미가 보이지 않았죠. 왜냐면 자판기의 내용물은 지금과 달리 주스밖에 없었거든요. 회사원이 마시기에는 좀 어울리지 않았습니다. 그러다 어느 날 아침 커피를 마시면서 신문을 읽고 싶었죠. 커피를 마시면 정신이 번쩍 들죠? 다들 그런 느낌 아실 겁니다. 그럼 업무 중에 커피를 마시면 기분 전환도 되고 집중력도 상승하니까 좋지 않을까, 그렇다면 회사원들에게도 수요가 있을 것이라고 예상했습니다."

피에로는 잠시 좌중을 둘러보고 말을 이었다.

"우선 회사에서 커피 수요가 있는지 확인한 다음, 자판기

메뉴를 바꿔서 커피 유행을 시켜보기로 했습니다. 저는 아는 회사원들을 모아 따뜻한 커피를 건네기 시작했죠. 물론 제가 직접 만든 커피를요. 드립백 커피를 주면 내리는 게 귀찮을 테니까 그렇게 한 겁니다. 물론 배포하는 순서까지도 생각했습니다. 우선 영업 실적이 좋은 사람들 몇몇이 먼저 마시게 했습니다. 그리고 3개월 후에 누구나 자유롭게 마실 수 있도록 사무실에 커피를 비치했죠. 그러자 직원 반수 이상이 업무 중에 커피를 마시게 됐습니다."

사람들이 점점 피에로 아저씨의 이야기에 집중하는 게 느껴졌다.

"이렇게 '사람은 커피 마시는 데 수고스러운 걸 싫어하겠지.'나 '대체로 동경하는 사람들의 흉내를 내고 싶어 할 것이다.' 같은 추측은 **사람 간의 의사소통을 할 때와 같은 두뇌 사용법**일 겁니다. 무엇인가를 유행시키고 문화를 확립하는 건 사람 간의 의사소통법을 그대로 시장에 적용하면 가능해집니다. 이야기가 길어져서 여기까지만 하겠는데, 아무튼 마케팅이라는 건 의사소통의 방향이 사람 간이 아니라 시장을 향해 있는 것일 뿐입니다."

피에로 아저씨…… 아니, 청소부 아저씨는 그렇게 말했다. 피에로 분장을 해서 맨얼굴은 잘 알아볼 수 없었지만, 저 말투나 자유분방함, 그리고 마케팅에 대한 생각. 저건 분명 그 청소부 아저씨다. 25년 전 휴게실에서의 만남이 머릿속에 가득 찼다.

"아, 오늘은 커피 문화와는 전혀 다른 '옥로차' 문화를 유행시킨 제 제자가 이 회장에 있습니다. 그 사람에게 한마디 하겠습니다. 자네, 마케팅의 본질을 실현해 줘서 고맙네!"

피에로 아저씨는 연단에서 내려왔지만 큰 박수갈채가 나오면서 "핼러윈 얘기해 주세요!"라는 목소리가 들려왔다. "핼러윈! 핼러윈!" 하는 외침마저 나오기 시작했다. 갑자기 파티장이 뜨거워진 것 같았다.

이렇게 멍하게 있을 때가 아니다. 아저씨를 만나야 하는데. 원래 이런 감동적인 재회는 그 사람을 쉬이 찾을 수 없어서 이리저리 뛰어다니다가 일어나는 거 아닌가? 그런 생각을 하면서 피에로 아저씨, 아니 청소부 아저씨에게 얼른 다가갔다.

"아저씨." 등을 툭 두드렸다.

"오오, 자네. 잘 왔군. 옥로차를 유행시킨 마케팅 부장님은 아직 옛날 커피 문화를 잊지 못했던 모양이야? 아까도 커피 마셨지?"

"어떻게 아셨어요?"

"봐, 여기." 아저씨는 그렇게 말하며 내 소매를 가리켰다.

"파티장에 오니까 긴장돼서 캔 커피 샀지? 급하게 캔을 따느라 옷에 커피가 튀었네."

"네?" 나는 깜짝 놀라 내 셔츠 소매를 살펴봤다.

"아니, 농담이야. 사실은 아까 자판기 커피 사는 걸 봤거든."

"어휴, 깜짝 놀랐잖아요." 나와 아저씨는 25년 전 그때와 똑같이 굴었다. "어쩐지 그 시절로 돌아간 기분이네요."

"'마케팅은 센스 있는 사람만 할 수 있다.'라고 말하던 자네가 이렇게나."

"아저씨한테 배운 걸 이렇게 실현할 수 있어서 다행이에요." 이제 아저씨가 귀여워할 만한 나이는 아니지만.

감동의 재회여야 하는데, 핼러윈 이야기를 요청하는 외침은 커지기만 했다.

"그러고 보니 아저씨, 핼러윈 이야기도 알려주세요."
"그래, 좋아. 근데 파티장이 너무 시끄럽군. 이 파티에서는 벌써 몇 번이나 똑같은 얘기를 했는데. 다들 별걸 다 좋아한다니까. 기왕 얘기할 거면 더 오붓한 곳에서 뭣 좀 먹으며 하면 좋겠어."
"그럼 그 닭꼬치 집에 갈래요?"
"그럴까."
그렇게 말하며 우리는 회장을 떠났다.

회장을 나서서 거리를 걸었다. 횡단보도를 내려다보듯선 대형 빌딩의 전광판에서 '옥로'의 프로모션 비디오가 흘러나왔다.

## STUDY

### VUCA의 시대를 어떻게 봐야 할 것인가?

당신에게 준비된 '경기장'이 단 하나밖에 없는 것은 아닙니다.

마지막 해설에서는 현 상황을 고민하는 사람, 곤란에 처한 사람, 절망한 사람들을 위한 좋은 소식을 알려드리고자 합니다.

잠시 한 예시를 들어보겠습니다.

당신은 어느 상점가에 가게를 낸 소바집 사장입니다. 옛날식 제법을 유지하며 적당한 가격으로 손님에게 소바를 제공하기 위해 매일 노력하죠.

그런데 당신의 가게 근처에 고급 요리점이나 멋들어진 외관을 자랑하는 가게가 늘어나기 시작했습니다. 당신의 가게를 찾는 손님은 점차 줄어들었죠.

자, 그럼 **당신은 어떻게 손님 수를 늘리겠습니까?**

요리를 고급 노선으로 바꾼다? 가게 인테리어를 세련되게 변경한다?

그래서 이길 수 있을까요? '그럼 대체 어떡하란 말이

야······.' 하고 한탄하는 당신. 하지만 걱정하지 마세요. 얼마든지 상황을 바꿀 수 있습니다.

사람들이 매일 고급 요리만 먹고 살 수 있을 것 같나요? 돈도 많이 들고, 위장도 더부룩해질 겁니다.

주변 사람(=외부 환경)이 바뀌면 싸우는 시장도 바뀝니다. 그리고 거기에 적응해야만 이길 수 있습니다.

5년 전, 당신은 신종 코로나바이러스의 유행을 예상할 수 있었나요?

2022년 하반기의 엔화 하락을 상상할 수 있었나요?

당신이 어린 시절, 여러 나라에 뒤처지게 된 오늘날의 일본 경제를 상상할 수 있었나요?

경제 동향이나 유행 등 다양한 정보에 대해 논하는 전문가들은 꼭 나중에 미디어에 등장합니다. '그런 예상은 미리 좀 하란 말이야. 나중에는 무슨 말을 못 해?'라고 따지고 싶어 하는 사람도 많을 거예요.

오늘날은 **VUCA**(Volatility, Uncertainty, Complexity, Ambiguity) 시대입니다. 변동성, 불확실성, 복잡성, 모호성이 특징이죠. 과학 기술의 발전에 따라 그에 부속되는 변수가 증가하고 있습니다. 연관되는 모든 변수, 게다가 그것들의 상호작용까지 고려해서 변수를 예측하는 건 거의 불가능한 일입니다.

**변화점이 늘어날수록 그 예측 정밀도는 낮아지기 마련**입니다. 그래서 '이제는 미래 예측이 어려운 시대가 됐다.' 이것이 사실입니다.

그리고 그 사실을 역으로 생각해 보자면, **자본력이 없어도 아이디어 하나로 승리할 기회가 늘어났다**고 볼 수도 있습니다.

이것이 바로 오늘입니다. 즉, 스스로 내가 싸울 '경기장'을 만들 수 있죠. 그리고 그 경기장에 라이벌 수가 적으면 적을수록 승률은 올라갑니다. 다시 말해 싸움을 공략하고 싶다면 당신 자신이 먼저 그 경기장(=시장)을 만들라는 뜻입니다.

### '본연의 모습'과 '현 상태'의 차이를 찾는다

그럼 어떻게 스스로 시장을 만들면 되는가, 그 포인트를 설명하겠습니다.

첫 번째로 권하고 싶은 점은 **이 세상 사람들에게 아직 주어지지 않은 기능적 가치를 찾아내 제공하는 것**입니다.

그 사례로, 모 패스트 패션 그룹 F사의 사업 방식을 들 수 있습니다.

F사의 창업 당시만 해도 사람들이 옷에 대해 기대하는 가치, 옷 제조회사가 사람들에게 제공하는 가치는 '외형'과 '지위'에 대한 의식이 지배적이었습니다.

쉽게 말하자면 자동차와 마찬가지였습니다. 시장은 비싼 브랜드 옷과 패스트 패션에 속하는 싸고 질 나쁜 옷들로 양분된 이미지가 강했습니다. 옷 착용의 편리함이나 편안함 등의 기능성을 중시한 제조회사는 적었죠.

그러나 지금은 어떤가요. 따듯해도 얇은 내의나 다운재킷 등 사람들이 제조회사에 기대하는 것도, 제조회사가 사람들에게 제공하는 것도 모두 '착용감'이라는 새로운 기능적 가치가 포함됐습니다.

F사는 새로운 기능적 가치를 알아차리고 그걸 제공해서 새로운 시장을 창출해 냈습니다. 즉, 저렴한 옷에 대한 부정적인 요소인 착용감과 방한 기능을 양립해서 개선했던 겁니다.

# 사람은 어디에서 가치를 느끼는가

사람이 느끼는 '가치'를 요소 분석하면,
기본적으로 '기능적 가치'와 '정서적 가치' 두 가지로 분류할 수 있다.
또한 기능적 가치 창출은 시장 만들기에서 보편적인 것이 되기 쉽다.

'편리하고 효과를 내는 가치'를 뜻한다. 예를 들어 자동차라면, 지금은 당연한 것으로 여겨지는 파워 스티어링이나 오토매틱 트랜스미션 기술 등이 이에 해당한다. 파워 스티어링 덕분에 자동차의 선회 조작이 매우 쉬워졌으며, 오토매틱 트랜스미션 차의 등장으로 운전할 때 클러치 조작을 따로 할 필요가 없게 돼 운전이 매우 간단해졌다.

'사람의 감정적인 감각에 의해 발생하는 가치'를 뜻한다. 반드시 '편리함'이나 '효과적'이라는 말과 연결되지는 않는다. 자동차를 예로 들자면 외형이나 디자인이 이에 해당한다. 멋지다, 촌스럽다 등의 요소는 차의 판매에 가장 큰 영향을 주는 감정적 요인이다. 그 외에도 아름답다, 맛있다, 재밌다 등, 정서적 가치는 다양한 상품이나 서비스에 존재한다.

기능적인 가치를 고려할 때 대개 정서적 가치의 존재를 잊기 쉽다.
또한 그 반대도 있을 수 있다. 가치에는 두 가지 측면이 있음을
확실히 이해하고, 내가 지금 추구하는 것을 놓치지 않는 게 중요하다.

그리고 기능성이 뛰어난 옷을 싼 가격에 제공하는 노하우를 확립하여, 다른 의류 업체와는 차별화된 가치를 시장에 공급하는 데 성공했습니다. 높은 가격에 브랜드 가치가 있는 옷이라는 경기장에서 싸우지 않고, 싸고 착용감이 좋으며 훌륭한 품질의 옷이라는 새로운 경기장을 만들어 낸 겁니다.

'옷을 바꾸고, 상식을 바꾸고, 세상을 바꾼다.' 그야말로 F사가 내세운 이념과 일치하는 이노베이션 사례입니다. (F사는 채용 활동에서도 이 이념을 일관하여 적용하며, 아마도 회사에 종속되기만 하는 사람은 뽑지 않겠다는 의미를 담아 '경영자 구함'이라는 캐치 프레이즈를 내거는 것 같습니다. 정말로 상식을 바꾸려고 하는 것이죠.)

기능적인 가치 탐색에서는 **일상에서의 작은 '어어?'를 '나만의 눈높이'로 모으는 것**(시장 조사에서는 결코 발견할 수 없는 부분입니다), 그리고 **아이디어 창출**과 **그 실현을 향해 행동 수를 최대한 늘리는 일**이 필요합니다.

## 약점을 숨겨야 한다고 생각하지 않는가?

여기서 앞서 언급한 '옥로' 음료의 사례를 다시 되짚어

봅시다.

상품기획부의 다쓰야는 차 음료 신상품을 고민했습니다. 그리고 아저씨에게 발상법을 단련한 덕분에 각성했죠.

'커피나 에너지 드링크를 대신하는 차를 만들 수 없을까?'

차를 마시지 않는 젊은이들은 자꾸만 늘어난다. 바쁜 현대인은 카페인이 다량 함유된 커피나 에너지 드링크를 즐겨 마신다. 이대로는 차 음료 시장이 축소되기만 할 것이다. 커피 등이 독점하는 시장을 어떻게든 파고들 수 없을까?

그래서 다쓰야는 생각했습니다.

우선 사람들이 즐겨 마시는 커피나 에너지 드링크에 대해 조사했습니다. (제일 해서는 안 되는 일은 **현 상황 부정하기**입니다. 그리고 **내가 생각해 낸 걸 긍정하고 시장에 밀어붙여서는 안 됩니다.** 시장에 내 생각을 밀어붙여도 되는 건 오직 예술 분야뿐이에요. 우리가 만드는 것은 상품과 서비스니까요. 여러분은 그 차이를 구분할 수 있나요?)

그리고 다쓰야는 현 상황을 분석했습니다.

### 커피의 부정적 요소

- 치아가 착색된다.
- 옷 등에 흘렸을 때 얼룩이 진다.
- 너무 많이 마시면 입 냄새의 원인이 된다.
- 너무 많이 마시면 빈혈의 원인이 된다(탄닌이라는 물질이 원인).

### 에너지 드링크의 부정적 요소

- 설탕이 들어간 제품이 많고, 칼로리 과다 복용으로 이어지기 쉽다.
- 충치의 원인이 된다.
- 식품 첨가물이 다량 함유됐고, 습관적으로 마시면 건강에 나쁘다.

반대로 '옥로'가 제공하는 기능적 가치에 대해서 다쓰야는 이렇게 생각했습니다.

- 카테킨에 의한 살균 작용.
- 카테킨에 의한 항암 작용.
- 테아닌에 의한 진정 효과(카페인에 의한 흥분 작용을 억제한다).

그리고 현재 카페인 시장의 다수를 점하는 음료의 부정적 요소를 오직 옥로만이 가진 기능적 가치로 보강함으로써, 지금까지의 차에 대한 불만까지 불식시키는 형태의 아이디어를 창출해 냈습니다.

'건강 관리도 할 수 있으면서 카페인 양도 많은 차.'

**특징**

- 카테킨으로 살균 작용(시즈오카현에서는 차로 입을 헹구는 관습이 있으며, 실제로 유행성 감기 발병률도 낮다는 데이터가 있음).
- 0칼로리.
- 식품 첨가물을 사용하지 않음.
- 설탕 미포함.
- 기존의 옥로차가 아니라, 고급 옥로를 메인으로 한 차(차에 브랜드 가치를 더함).

그리고 마케팅 면에서는 일부러 기존에 있던 옥로의 약점을 드러냈습니다. '지명도는 낮지만 카페인 양이라면 지지 않는다. 카페 음료, 옥로'라는 캐치 프레이즈로요.

위화감이 들지 않나요?

왜 커피나 에너지 드링크를 이길 만한 장점을 내세우지 않았을까요?

그런 걸 써봤자 **'첫인상'을 주기 어렵기 때문**입니다.

우선 주목을 받아야 하고, 그럴 때 필요한 건 바로 약점입니다(이 방식이 모든 상황에 해당하는 건 아니니 주의해야 합니다).

약점이 꼭 나쁜 것일까요?

주변에 부족한 면을 보이면 안 되는 걸까요?

아뇨, **약점은 개성**입니다. 얼마든지 쓸 길은 있습니다.

또한 예로 든 커피나 에너지 드링크와 '시장 비교'가 되나요?

그렇지 않죠. F사도, 옥로도 스스로 새로운 경기장을 만들어 냈습니다. 그리고 거기에는 적이 없죠. 특히 옥로의 경우, 졸음을 쫓기 위한 기존의 카페인 제품이 싸워왔던 시장이 아니라, 건강 관리도 가능하면서 카페인 양도 확보할 수 있는 다른 시장을 개척했으니까요. 게다가 기존의 차와도 차별화했습니다.

오해하지 않도록 말해 두지만, **스스로 시장을 만들 때 주변과 반대되는 행동을 하면 다 된다는 뜻은 아닙니다.** 또한 무작정 눈에 띈다고 될 일도 아니죠.

실컷 눈에 띄게 해놓고는 결국 시장에 아무런 영향도 주지 못한 회사도 있습니다. 눈에 띄기만 한다는 건 돈으로 지명도를 사들이는 것과 마찬가지입니다. 그저 자기만족에 불과하죠.

그런 게 아니라 **잠재적이든 현재든 상관없이 사람들의 니즈를 파악하고, 거기에 정면으로 싸우려 덤비기보다는 다른 각도에서 공략한다.** 이게 바로 현명한 공략법입니다.

## 샛길을 통해 문제를 해결하는 최종 병기

이 '싸움을 공략'하는 데 다쓰야가 사용한 사고법이 바로 **'래터럴 싱킹**(Lateral thinking)*'입니다.

래터럴 싱킹이란 자기 생각이나 고정 관념, 그러니까 일반적인 '상식'에 사로잡히지 않고 새로운 발상으로 문제를 빠르게 해결하기 위한 사고법입니다.

---

* '수평적 사고' 또는 '확산적 사고'라고도 한다. 기존의 논리적이고 직선적인(수직적인) 사고방식과는 다르게 새롭고 창의적인 해결책을 찾는 사고방식을 의미한다.

# 사고의 레드 오션에서 벗어난다

점 A와 점 B라고 적힌 종이가 있다고 합시다.
이 점 A와 점 B를 잇는 최단 코스는 어떤 것일까요?

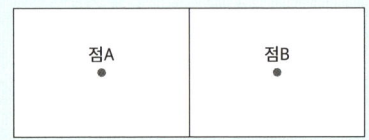

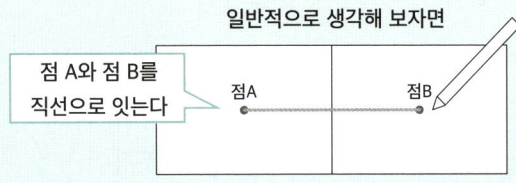

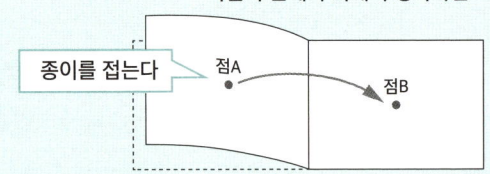

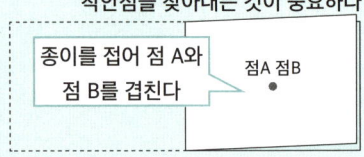

**정면이 아니라 샛길을 찾아보는 것이죠.**

정보를 놓치지 않으면서 누구보다도 최단 거리로 도달하는 해법을 생각한다는 뜻입니다.

저 역시 어떤 사항에 대해 문제의식을 가지고 래터럴 싱킹을 활용한 적이 있습니다.

저의 첫 저서 《토요타의 회의는 30분》의 제목이 그랬습니다. 이 책은 회의 관련 서적이 아니라 비즈니스 상황에서 유기적인 커뮤니케이션을 주축으로 한 노하우 서적입니다.

물론 회의에 관한 내용도 나오지만, 책 내용 전부가 회의 노하우에 특화된 책은 아니에요. 그럼 왜 책 제목을 '토요타의 회의는 30분'이라고 지었을까요?

거기에는 책 내용과는 별개의 이유가 있었습니다.

우리 회사는 경영 컨설팅을 생업으로 삼는 기업으로, 의뢰인에게 조직 매니지먼트나 생산성 향상에 이바지하는 컨설팅을 합니다. 하지만 아직 작은 회사여서, 클라이언트의 문제(특히 생산성 문제)를 두고 회사 하나하나에 꼼꼼하게 의식 개혁과 조직화를 유도하고 각종 노하우를 전수하는 방법밖에 길이 없었죠.

하지만 이런 방법으로는 전국의 회의 효율화를 이룩하지 못할 것 같았습니다. 우리 회사가 앞으로 50년 더 이어진다고 해도 업무를 맡을 수 있는 건 기껏해야 1년에 약 100개 기업 정도로, 모두 합쳐봤자 500개 기업에 불과할 테니까요. 일본 전국의 기업 회의를 효율화하는 일은 불가능에 가까웠죠.

그래서 나온 게 바로 이 제목이었습니다. 마침 딱 타이밍 좋게 서적 집필 제안을 받았기에, 아예 이 **서적 제목으로 일본의 생산성(특히 회의)을 단번에 바꿀 수 없을까** 하는 생각을 하게 됐거든요.

여기에는 제 직감도 작용했습니다. 책을 내주는 출판사가 니혼게이자이신문이나 JR동일본전선을 포섭하는 형태로 대대적인 광고를 내줄 것이라고 예상했거든요. 덕분에 이런 강렬한 캐치 프레이즈 하나로 일본의 생산성 향상에 크게 공헌할 수 있으리라 생각했습니다.

**즉, 책을 사지 않는 층(광고만 보는 층)에도 영향을 끼칠 만한 전략을 래터럴하게 짰던 겁니다.**

그 결과, 후에 어느 조사 전문 회사에 조사를 부탁했는데 그 전략이 예상을 뛰어넘을 정도로 성과를 냈다는 사실을 알게 됐습니다. 아무리 적게 잡아도 '연간' 수조 엔 규모의 경제 효과(원가 절감 효과)가 있었을 것이라는 추산이 나왔죠.

만약 일본 기업 전체의 회의 시간 중앙값이 1시간인데 그게 절반으로 줄었다면, 더 나아가 질질 시간만 끄는 회의가 줄어들었다면, 기존의 회의 상식에 조금이라도 의문을 품는 사람이 늘어났다면, 그것만큼 기쁜 일도 없을 것입니다. 컨설턴트 입장에서 보람을 느낍니다.

래터럴 싱킹에 대해 제 체험담을 소개했지만, 역사적으로 돌아보면 제갈공명의 10만 개 활 일화 등, 여러 국면에서 래터럴 싱킹이 응용되었음을 알 수 있습니다.

## 로지컬 싱킹의 한계를 넘는다

래터럴 싱킹에서 중시해야 할 시점으로 크게 네 가지가 있습니다.

① '부(不)'를 깨닫기.
② '왜'를 생각하기.
③ 이상적인 상황을 명확히 하기.
④ 해결책을 모색하기.

특히 ④ 해결책을 모색하는 과정에서는 '번뜩이는 생각'

이 필요한데 이것은 **로지컬한 뇌에서는 결코 발생할 수 없습니다.**

이는 나 자신의 깨달음을 내재화할 수 있는지 여부에 달렸습니다.

고등학교 교복 디자인을 변경함으로써 입시 배율이 달라지는 경우도 있어요.

책 표지 디자인이 매출을 좌우할 때도 있죠.

이건 제 가설이지만, 아마 대중의 마음을 움직일 수 있는 사람(대중의 마음을 사로잡는 포인트를 깨달은 사람)은 ①의 '부'에도 민감합니다.

어쩌면 공명은 밤중에 논밭을 걷다가 벼 이삭을 말리는 모습을 보고 사람으로 착각한 경험을 가지고 10만 개의 화살 아이디어를 떠올렸을지도 모릅니다(제 상상이에요).

매일 조금씩 깨달음을 내재화할 수 있다면, 전략을 짜서 마켓을 '잉'할 수 있게(움직일 수 있게) 될지도 모릅니다.

지금까지 래터럴 싱킹 이야기를 했는데, 마지막으로 정말 중요한 것을 한 가지 말씀드리겠습니다.

그건 **최종적인 순간까지도 엔드 유저의 마음이 될 수 있는가입니다.**

B2B*에서도 최종적으로는 그 저편에 반드시 엔드 유저가 있습니다.

상품을 구입하는 건 바로 고객입니다.

그리고 사람들의 일상생활은 그리 쉽게 변하지 않습니다. 그래서 저는 그러한 사람들의 가치관을 바꾸는 일만큼 재미있는 것도 없다고 생각합니다.

설령 그 공적을 남에게 인정받지 못하더라도, 내가 마켓을 '잉'했다는 그 사실에 필적할 만한 재미는 없을 것입니다.

역사나 수많은 정보를 접하며 '그래, 그렇구나.' 하고 감탄하고 만다면 단순히 지식이 많은 사람이 되는 것으로 끝납니다.

당신이 할 일은 이 책을 통해 **알게 된 것이나 배운 내용을 가지고 스스로 생각해 보는 것**입니다.

그리고 **입수한 정보를 기반으로, 실패와 시행착오를 반복하면서 성공할 때까지 꾸준히 행동**해야 합니다. 이건 마케팅만이 아니라 모든 직장인 및 사업자들이 성과를 올리기 위해 필요한 일이라고 봅니다.

---

* '기업 간 거래' 또는 '기업 간 전자상거래'를 말한다.

더 나아가 내가 얻은 지식이나 노하우, 아이디어를 아낌없이 시장에 공유해 나가는 자세 역시 한 사람의 사회인으로서 필요하다고 생각합니다. 그것도 '몇 배로 돌려주고', '은혜를 갚는다'는 정신으로 말이죠.

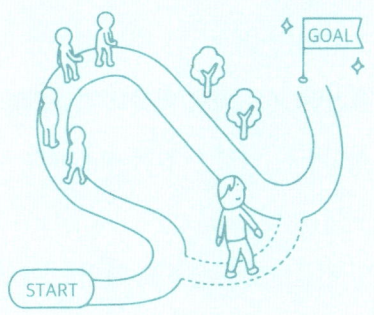

# 마치며

이 책을 읽어주셔서 감사합니다.

어떠셨나요?

조금은 《마케터처럼 생각하기》에 도움이 됐나요?

요즘은 마케팅뿐만이 아니라 결국 어떤 직업을 갖더라도 '스스로 생각해 해결하는 능력'이 요구되며, 점점 더 **지식이 아니라 지혜가 필요한 시대**가 되어 갑니다.

이번에는 0에서 1을 창조해 내는 업무인 기획을 예로 들어 이야기했지만, '시작하며'에서도 언급했던 것처럼 이 마케터적인 사고력은 어떤 직업에서나 널리 활용할 무기가 될 수 있습니다.

특히 경영 컨설턴트 일을 하다 보면, 아무것도 없는 상황에서 뭔가를 생각하는 것을 어려워하는 고객을 자주 만나게 됩니다. 어쩌면 지금까지의 교육 환경 시스템과 관련이 있을지도 모르겠지만, 앞으로 쑥쑥 나아가는 세계 각국은 그런 일본을 기다려주지 않습니다.

저는 지금까지 일본과 세계 제일선에서 활약하는 사업가만이 아니라 예술가, 배우, 운동선수도 만나봤습니다. 커다란 성과를 내온 분들은 공통된 사고방식이 있는 것 같더라고요.

**그게 바로 이 책에서 말하는 '마케터적 사고'였죠.**

치열한 경쟁을 뚫기 위해 '**어떻게 노력할지 정한 후에 노력하기**'를 실천하여 성과를 낸 사람이 대부분이었습니다.

**현 상태를 의심하고, 상식을 의심하고, 자신만의 싸움법을 찾아내는 것.**

저는 바로 그런 분들을 많이 만나봤습니다.

요즘 일본에서는 '졸업하자마자 대기업에 입사하면 인생이 편하다.'는 옛이야기는 점차 사라지고 있어요. 어쩌면 이 나라는 1980년대에서 2010년대까지 너무나도 환경 덕을 크게 본 것일지도 모릅니다.

최근에는 미래에 대한 불안을 느끼는 젊은이들이 많은데, 어찌 됐든 내 인생은 내가 어떻게든 해볼 수밖에 없습니다.

직업 운동선수와 마찬가지로 직장인들에게도 '성과주의 시대'가 됐죠. 그럴 때 의지할 곳은 나 자신밖에 없습니다.

그리고 바로 그런 시대이기에, 출판사에서 '시대를 잘 살피고 대비할 계기를 주는 책을 집필해 달라.'라는 요청을 받았을 때 그에 큰 공감을 하고 이렇게 《마케터처럼 생각하기》를 쓰게 됐습니다.

이 책이 조금이라도 도움이 됐다면 저자로서 그보다 큰 기쁨은 없을 것입니다.

마지막으로 독자님들 모두가 어떤 일을 하시든 평탄하고 행복한 인생을 보내실 수 있게 기원하며 글을 마칩니다.

야마모토 다이헤이